Wieviel Macht verträgt die Vielfalt?

Studien zum deutschen und europäischen Medienrecht

herausgegeben von Dieter Dörr und Udo Fink

mit Unterstützung der Dr. Feldbausch Stiftung

Bd. 24

PETER LANG
Frankfurt am Main · Berlin · Bern · Bruxelles · New York · Oxford · Wien

Ulf Böge/Jürgen Doetz/
Dieter Dörr/Rolf Schwartmann

Wieviel Macht verträgt die Vielfalt?

Möglichkeiten und Grenzen von Medienfusionen

PETER LANG
Europäischer Verlag der Wissenschaften

Bibliografische Information der Deutschen Nationalbibliothek
Die Deutsche Nationalbibliothek verzeichnet diese Publikation in
der Deutschen Nationalbibliografie; detaillierte bibliografische
Daten sind im Internet über <http://www.d-nb.de> abrufbar.

ISSN 1438-4981
ISBN 978-3-631-56629-9

© Peter Lang GmbH
Europäischer Verlag der Wissenschaften
Frankfurt am Main 2007
Alle Rechte vorbehalten.

Das Werk einschließlich aller seiner Teile ist urheberrechtlich
geschützt. Jede Verwertung außerhalb der engen Grenzen des
Urheberrechtsgesetzes ist ohne Zustimmung des Verlages
unzulässig und strafbar. Das gilt insbesondere für
Vervielfältigungen, Übersetzungen, Mikroverfilmungen und die
Einspeicherung und Verarbeitung in elektronischen Systemen.

www.peterlang.de

VORWORT

Stehen Medienmacht und Meinungsvielfalt in einem unauflöslichen Widerspruch zueinander? Ist also ein plurales Medienangebot und damit eine vielfältige Information nur möglich, wenn Marktmacht begrenzt und vorherrschende Meinungsmacht verhindert wird? Diese Fragen stellen sich angesichts fortschreitender Konzentrationsprozesse in der Medienlandschaft in drängender Weise. Unbestritten sind freie und unabhängige Massenmedien unabdingbare Voraussetzung einer demokratisch verfassten Gesellschaft. Zudem stellen Rundfunk und Presse bedeutsame Faktoren in einer sich verändernden Marktwirtschaft dar, die sich zunehmend von einer Industrie- in eine Informationsgesellschaft wandelt. Daher wird intensiv darüber diskutiert, wie viel publizistische und wirtschaftliche Macht Medienunternehmen in einer Gesellschaft ausüben dürfen, ohne dass der Wettbewerb und die Meinungsvielfalt gefährdet werden. Dies ist auch Gegenstand der Anfang des Jahres 2006 getroffenen Entscheidungen des Bundeskartellamtes und der Kommission zur Ermittlung der Konzentration im Medienbereich (KEK) zur zu dieser Zeit geplanten Übernahme der ProSiebenSAT.1 Media AG durch die Axel Springer AG. In beiden Entscheidungen werden über den konkreten Fall hinaus Grenzen für Markt- und Meinungsmacht aufgezeigt, die auf ein kontroverses Echo gestoßen sind.

Dies waren Themen der Tagung „Wieviel Macht verträgt die Vielfalt? - Möglichkeiten und Grenzen von Medienfusionen", die am 23. Mai 2006 an der Fakultät für Wirtschaftswissenschaften der Fachhochschule Köln statt gefunden hat. Die Konferenz war eine gemeinsame Veranstaltung des Mainzer Medieninstituts und der Kölner Forschungsstelle für Medienrecht. Sie fand in Kooperation mit dem 18. Medienforum NRW statt. Anliegen der Veranstaltung war es, den Beteiligten an der kontrovers diskutierten und schließlich gescheiterten Fusion ein Forum zu verschaffen. Es sollten Unternehmervertreter als auch Stimmen der Kontrollgremien sowie unabhängige Beobachter zu Wort kommen.

Auf dem Kölner Symposium wurden der Fall und seine Auswirkungen in Vorträgen von Ulf Böge, dem Präsidenten des Bundeskartellamtes, Dieter Dörr, dem Vorsitzenden der KEK, Jürgen Doetz, dem Präsidenten des Verbandes Privater Rundfunk und Telekommunikation, und Rolf Schwartmann von der Kölner Forschungsstelle für Medienrecht reflektiert. An der anschließenden Podiumsdiskussion unter Leitung von Rolf Schwartmann nahmen zusätzlich der Direktor Niedersächsischen Landesmedienanstalt und im Mai 2006 amtierende Vorsitzende der Konferenz der Direktoren der Landesmedienanstalten, Reinhold Albert, der damalige Ressortleiter Medien der Süddeutschen Zeitung, Hans-Jürgen Jakobs, und der Vorsitzende der für Medienfusionen zuständigen 6. Beschlussabteilung des Bundeskartellamtes, Klaus Paetow, teil.

Wir freuen uns, diese Dokumentation der Vorträge und der anschließenden Diskussion vorlegen zu können.

Bonn, Berlin, Mainz und Köln im Januar 2007
Ulf Böge,
Jürgen Doetz,
Dieter Dörr,
Rolf Schwartmann

INHALTSVERZEICHNIS

Fusionen von Medienunternehmen im Spannungsfeld von Verfassungs-, Kartell- und Medienrecht
Rolf Schwartmann — 9

Die Springer-Entscheidung der KEK und ihre Folgen
Dieter Dörr — 21

Möglichkeiten und Grenzen von Medienfusionen
Ulf Böge — 39

Die Sicht der privaten Rundfunkunternehmen
Jürgen Doetz — 45

Diskussion — 55

Referenten und Diskussionsteilnehmer — 83

FUSIONEN VON MEDIENUNTERNEHMEN IM SPANNUNGSFELD VON VERFASSUNGS-, KARTELL- UND MEDIENRECHT

Rolf Schwartmann

Meine sehr geehrten Damen und Herren!

Mein Kollege Dieter Dörr und ich freuen uns über die lebhafte Akzeptanz unserer gemeinsamen Veranstaltung. Wir stellen fest, dass das Thema über nationale Grenzen hinweg Interesse findet. Deshalb freue ich mich, den Ministerpräsidenten der Deutschsprachigen Gemeinschaft der belgischen Ostkantone Herrn Karl-Heinz Lambertz willkommen zu heißen. Ich begrüße den Staatssekretär für Medien des Landes Nordrhein-Westfalen und Regierungssprecher Herrn Thomas Kemper, den Präsidenten des Bundeskartellamtes Herrn Dr. Ulf Böge und die Präsidentin des Landesrechnungshofes Nordrhein-Westfalen, Frau Ute Scholle. Mit Ihnen begrüße ich Sie alle, meine sehr geehrten Damen und Herren aus Politik, Wissenschaft, Medienwirtschaft, Medienpraxis und Anwaltschaft gleichermaßen herzlich.

Medienmacht und Medienvielfalt – stehen sie in einem unauflöslichen Widerspruch zueinander? Ist Vielfalt nur möglich, wenn Medienmacht begrenzt ist oder ist Medienmacht ein unaufhaltsamer Prozess in der Entwicklung der Medienwirtschaft? Entsteht Vielfalt im freien Spiel der Kräfte oder kann sie sich nur entfalten, wenn sie reglementiert ist? Die Medien, konstitutiver Bestandteil einer plural-demokratischen Gesellschaft, stehen in diesen Tagen im Blickpunkt kontroverser Debatten. Wie viel publizistische und wirtschaftliche Macht dürfen sie im Staat ausüben, ohne damit die Vielfalt als Bedingung für eine uneingeschränkte und freie Meinungsbildung zu gefährden? Zwei wichtige Entscheidungen aus jüngster Zeit, eine des Bundeskartellamtes und eine der Kommission zur Ermittlung der Konzentration im Medienbereich haben es unternommen, den Grenzverlauf zwischen Macht und Vielfalt aufzuzeigen. Sie betreffen den geplanten Zusammenschluss von einem der großen deutschen Zeitungsverlage, der „auch international zu den führenden Medienunternehmen zählt" und einem der „führenden deutschen TV-Unternehmen"[1]. Wir alle wissen, dass von der Axel Springer AG und der ProSieben-Sat.1Media AG die Rede ist. Dieses Übernahmevorhaben hat die Medienlandschaft um den Jahreswechsel sehr beschäftigt. Zugleich hat es auf eine Reihe von Problemen hingewiesen. Sie betrafen nicht nur rein rundfunk- und kartellrechtliche Fragen. Das Verfahren löste eine Debatte um die Struktur der Medienfusionskontrolle insgesamt aus[2]. Daran beteiligten sich die Kontrolleure[3] selbst aber auch die Medienpolitik[4] kontrovers und heftig. Zugleich rief die Diskussion um die Fusionskontrolle unter Beteiligung der elektronischen Medien auch den im Jahr 2004 vom damaligen Wirtschaftsminister Wolfgang Clement initiierten Gesetzesvorschlag zur Erleichterung von Zusammenschlüssen im Printbereich wieder in Erinnerung. Der nordrhein-westfälische Ministerpräsident Jürgen Rüttgers, kündigte etwa im Februar 2006 öffentlich die Aufnahme der Pläne Clements an und dachte über eine „Entwicklungsgarantie" für Zeitungsverleger nach[5]. Heute hat sich der Pulverdampf etwas gelegt. Obwohl die Debatte um die Umstrukturierung oder gar Auflösung der Kontrollgremien nicht mehr allenthalben vernehmbar ist, wird sie von den Beteiligten aber auch, soweit mich die richtigen Signale erreicht haben, hier und heute fortgeführt. Es ist also an der Zeit, ein Zwischenergebnis zu formu-

---

1 Jeweils Homepage www.axelspringer.de und www.prosiebensat1.com. Die Axel Springer AG spricht dort von sich als „dem führenden Medienunternehmen".
2 Vgl. etwa Säcker, K&R 2006, 49 ff. und Bornemann, ZUM 2006, 200 ff.; Hain, K&R 2006, 150 ff.
3 Dörr, Wozu neue Gremien, in KStA Nr. 27. v. 1.2.2006, S. 12. Siehe auch Pressemitteilung der ALM 01/2006 vom 4.1.2006, abrufbar unter www.alm.de/index.php?id=34&backPid=67&tt_news=326&cHash=1e924672f6.; Vgl. dazu epd medien 4/2006, 9 vom 18.1.2006 und epd medien 6/2006, 9 vom 25.1.2006; Pressemitteilung 02/2006 der ALM vom 13.1.2006, abrufbar unter www.alm.de/index.php?id=34&backPid=67&tt_news=329&cHash=69d2179bfb.
4 Rüttgers, Vorschläge für die Zukunft, Interview mit dem KStA Nr. 32 v. 7.2.2006, S. 12. Ministerpräsident Beck, Interview des Tages, Digitalmagazin. info vom 17. Februar 2006, S.1 f.; Doetz, Das kann nur besser werden, epd medien 14/2006, S. 3 ff. (4) vom 22.2.2006.
5 Rüttgers, Vorschläge für die Zukunft, Interview mit dem KStA Nr. 32 v. 7.2.2006, S. 12.

lieren und die rechtlichen Rahmenbedingungen für Möglichkeiten und Grenzen von Fusionen im Bereich der Medienunternehmen zu ziehen.[6]

In der heutigen Veranstaltung werden mit Herrn Kollegen *Dieter Dörr* vom Mainzer Medieninstitut, dem Vorsitzenden der Kommission zur Ermittlung der Konzentration im Medienbereich – kurz KEK –, mit Herrn *Dr. Ulf Böge*, dem Präsidenten des Bundeskartellamts und mit Herrn *Jürgen Doetz*, dem Präsidenten des Verbandes Privater Rundfunk und Telekommunikation – kurz VPRT– hochrangige Akteure der Debatte um die Zulässigkeit von Fusionen von Medienunternehmen zu Wort kommen. Im Anschluss wollen wir die aufgeworfenen Fragen zunächst auf dem Podium unter zusätzlicher Beteiligung von Herrn *Reinhold Albert*, dem Direktor der Niedersächsischen Landesmedienanstalt (NLM) und amtierenden Vorsitzenden der Konferenz der Direktoren der Landesmedienanstalten (KDLM), Herrn *Hans-Jürgen Jakobs*, dem Ressortleiter Medien der Süddeutschen Zeitung sowie Herrn *Klaus Paetow*, dem Vorsitzenden der für Medienfusionen zuständigen 6. Beschlussabteilung des Bundeskartellamts erörtern.

Vor alledem fällt es mir zu, das Spannungsdreieck aus medienrechtlicher und kartellrechtlicher Kontrolle auf der einen und unternehmerischer Freiheit auf der anderen Seite aufzuzeigen. Nehmen wir den Ausgangsfall als Beispiel. Ein großes deutsches Verlagshaus möchte sich in der „Crossmedialen Welt" aus Print, Fernsehen und Internet behaupten und Synergien schaffen. Print- und elektronische Medien sollen miteinander verbunden werden, um die Basis für „das wirkliche Wachstumsgeschäft der Zukunft" zu schaffen, das „digitale Geschäft, mobile Endgeräte, Internet, digitales, interaktives Fernsehen". Auf diesen Feldern will sich das Presseunternehmen „nach der Fusion (vom) angestammten Printgeschäft mit dem TV-Geschäft schnell und umfassend aufstellen, weil (es) damit Zugriff auf bewegte Bilder und geschriebenen Text" hat.[7] Fraglos bestärkt unsere Wirtschaftsverfassung das Verlagshaus, wenn es nach ausgiebiger Beobachtung des Marktes die Entscheidung trifft, im Inland zu expandieren, um leistungsfähiger und marktstärker zu werden, damit der Volkswirtschaft zu nutzen und sichere Arbeitsplätze zu erhalten und zu schaf-

---

6 Aus Zeitgründen muss die hiervon zu trennende Frage nach der Fusionskontrolle im Bereich der Printmedien ausgeklammert werden.
7 Döpfner im Interview mit der F.A.Z. Nr. 3 vom 4.1.2006, S. 34.

fen. Diese Freiheit unterliegt aber Schranken, die die Verfassung ebenfalls zieht. Betätigt sich ein Unternehmen im Bereich des Rundfunks, so gelten zusätzlich zu den Schranken der Wirtschaftsfreiheit spezifische Besonderheiten. Nach unserem System erfolgt die staatliche Kontrolle der unternehmerischen Freiheit im Medienbereich auf zwei nebeneinander liegenden Ebenen. Aus kartellrechtlicher Sicht geht es um die Verhinderung marktschädigender Wirtschaftsmacht. Die rundfunkrechtliche Sicherung zielt auf Wahrung von Meinungsvielfalt ab und hat nicht nach wirtschaftlichen Aspekten zu fragen[8]. Bevor die Herren Dörr und Böge unter anderem das Verhältnis der beiden Bereiche erläutern werden, möchte ich das Kartellrecht und das Rundfunkrecht, genauer gesagt das Medienkonzentrationsrecht als eine Art „Meinungskartellrecht" im Überblick vorstellen.

Zunächst zum Kartellrecht. Die wichtigsten wettbewerbsrechtlichen Vorschriften, die auch den Medienbereich betreffen, finden sich im „Kartellgesetz", genau gesagt im Gesetz gegen Wettbewerbsbeschränkungen (GWB). Vorschriften des EG-Vertrages[9] greifen zusätzlich ein, wenn eine Kartellvereinbarung über das Bundesgebiet hinaus wirkt. Das GWB zieht der unternehmerischen Freiheit drei wichtige Schranken. Sie konkretisieren sich in der Fusionskontrolle, im Kartellverbot und in der Missbrauchsaufsicht. Die Zusammenschluss- oder Fusionskontrolle nach §§ 35 bis 42 GWB soll den Wettbewerb sichern und die Vielzahl der Wettbewerber erhalten[10]. Ihr Ziel ist es, zu verhindern, dass durch einen Zusammenschluss eine marktbeherrschende Stellung entsteht oder verstärkt wird.[11] Die Fusionskontrolle ist zweistufig aufgebaut[12]. Zum einen gibt es Aufgreiftatbestände[13] und Umsatz-

---

8 Dörr in Eberle u.a. (Hrsg.), Kap. III, Rn. 111.
9 Art. 81 ff. EG.
10 Sie soll auf diese Weise zugleich die Meinungsvielfalt sichern. Paetow, Medienmacht, Medienvielfalt und wirtschaftliche Vernunft als kartellrechtliche Herausforderung. www.h-quandt-stiftung.de.
11 Der Zusammenschluss von ProSiebenSat.1Media AG durch das Kartellamt wurde nicht genehmigt, weil er auf dem Fernsehwerbemarkt, dem Lesermarkt für Straßenverkaufszeitungen und dem bundesweiten Anzeigenmarkt für Zeitungen eine unzulässige Marktmacht herbeigeführt hätte.
12 § 36 Abs. 1 GWB. Daneben gibt es für den Rundfunk besondere Regelungen im RStV. Siehe dazu sogleich.
13 Vgl. die in §37 GWB genannten Tatbestände.

schwellen und zum anderen die Eingriffsschwelle der Marktbeherrschung. Das Gesetz definiert das, was es unter Zusammenschlüssen von Unternehmen versteht in sog. Aufgreiftatbeständen. Solche sind der Vermögenserwerb eines anderen Unternehmens, der Anteils- oder Kontrollerwerb an einem anderen Unternehmen oder andere Fälle so genannten äußeren Wachstums.[14] Inneres Wachstum, das im Unternehmen selbst entsteht, wird nicht erfasst. Damit die Fusionskontrolle greift, müssen zudem Umsatzschwellen überschritten sein. Dies ist grundsätzlich der Fall, wenn die betroffenen Marktteilnehmer im letzten Geschäftsjahr weltweit Umsatzerlöse von über 500 Millionen Euro erzielt und mindestens eines der beteiligten Unternehmen über 25 Millionen Euro Umsatzerlöse im Inland verzeichnet hat[15]. Untersagt werden Zusammenschlüsse nur bei Marktbeherrschung. Sie liegt vor, wenn ein Unternehmen – oder eine Gruppe von Unternehmen (Oligopol) - die Macht besitzt, einen bestimmten abgegrenzten Markt bestimmen zu können, weil keine oder keine nennenswerte Konkurrenz besteht.[16] Noch ein Wort zum Rechtsschutz gegen Fusionskontrollentscheidungen des Bundeskartellamts. Über Beschwerden hiergegen entscheidet in erster Instanz das für das Bundeskartellamt zuständige Oberlandesgericht Düsseldorf und in zweiter Instanz gegebenenfalls[17] der Bundesgerichtshof. Unabhängig davon kann eine Ministerentscheidung zur Zulassung eines Zusammenschlusses beantragt werden.[18]

Das GWB verbietet zudem in § 1 Kartelle also „Vereinbarungen zwischen Unternehmen, Beschlüsse von Unternehmensvereinigungen und aufeinander

---

14 Hier kann insbesondere die Übernahme einer Mehrheitsbeteiligung oder die gemeinsame Kontrolle und der Vermögenserwerb eines Unternehmens eine Rolle spielen. Es kommen etwa auch der Kauf von Teilen des Vermögens eines Unternehmens oder das Einräumen von Nutzungsrechten in Betracht.

15 §35 Abs.1 und 2 GWB. Es gibt aber auch besondere branchenspezifische Berechnungsregeln.

16 § 19 GWB.

17 Dazu muss die Beschwerde durch das Oberlandesgericht zugelassen werden oder eine Nichtzulassungsbeschwerde erfolgreich sein.

18 Bei dem geplanten Erwerb von ProSiebenSat.1Media AG durch die Axel Springer AG kam es bei der Ermittlung der marktbeherrschenden Stellung – die Jahresumsätze der jeweiligen Unternehmen überschritten den Schwellenwert – zunächst auf das zu erwerbende Fernsehunternehmen an. Hier standen Bertelsmann bzw. die RTL-Group (RTL, RTL 2, Super RTL und VOX) und ProSiebenSat.1Media AG (SAT.1, Pro Sieben, Kabel 1, N24 und 9Live) zum Vergleich.

abgestimmte Verhaltensweisen, die eine Verhinderung, Einschränkung oder Verfälschung des Wettbewerbs bezwecken oder bewirken"[19]. Seit Juli 2005 sind hiervon sowohl Vereinbarungen zwischen miteinander im Wettbewerb stehenden Unternehmen (sog. horizontale Beschränkungen) als auch solche zwischen Unternehmen betroffen, die weder aktuelle noch potenzielle Wettbewerber sind (sog. vertikale Beschränkungen). Bestimmte Vereinbarungen zwischen Unternehmen sind ebenfalls seit 2005 unmittelbar durch das Gesetz freigestellt[20], so dass die zuständige Kartellbehörde insoweit keine Befugnisse mehr hat. Neben Fusionskontrolle und Kartellverbot dient die Missbrauchsaufsicht nach § 19 GWB GWB der Sicherung des Wettbewerbs[21]. Sie umfasst das Verbot der missbräuchlichen Ausnutzung einer marktbeherrschenden Stellung durch ein oder mehrere Unternehmen.

Als Zwischenergebnis können wir festhalten, dass die verfassungsrechtlich verbürgte Freiheit des Medienunternehmers kartellrechtlich, durch die Fusionskontrolle, das Kartellverbot und die Missbrauchsaufsicht beschränkt wird.

Kommen wir nun zum Rundfunkrecht und zum Erfordernis der Verhinderung von „Meinungskartellen". Grundlegende Voraussetzung für Meinungsvielfalt und somit auch für die Möglichkeit einer unabhängigen Meinungsbildung ist ein funktionsfähiger Wettbewerb zwischen den Akteuren. Er verhindert Monopole und stellt sicher, dass unterschiedliche Informationen und Meinungen von verschiedenen Anbietern und Medien auf dem Markt zu finden sind. Dies umfasst die Sicherung des Wettbewerbs zwischen Medienunternehmen. Es muss gewährleistet werden, dass nicht nur ein oder zwei Anbieter den Markt beherrschen. Auch eine Vielzahl von Anbietern gewährleistet jedoch im dualen System aus öffentlich-rechtlichem und privatem Rundfunk noch nicht die Vielfalt von Inhalten. Im Bereich des frei empfangbaren Fernsehens gibt es eine Reihe verschiedener Programme bzw. Sender. Faktisch stehen sich hier lediglich drei Gruppen gegenüber: Erstens ARD und ZDF als öffentlich-rechtliche Rundfunksysteme, zweitens die ehemalige, jetzt in Hand von aus-

---

19 § 1 GWB.
20 § 2 GWB.
21 §§ 19 ff. GWB.

ländischen Finanziers befindliche Kirch-Gruppe und drittens die RTL-Group. Den privaten Fernsehmarkt teilt sich also ein Duopol.[22]

Bei Medienunternehmen besteht die Besonderheit, dass auch publizistische Vielfalt gefragt und erforderlich ist. Auch ein funktionsfähiger Wettbewerb garantiert jedoch keine Meinungsvielfalt. Vielmehr kann der ökonomische Wettbewerb im Gegenteil zwischen den Medienunternehmen im Kampf um Quote und damit auch um Werbeaufträge zu einem Qualitätsverlust führen.[23] Anders als bei der Presse[24] hält das Bundesverfassungsgericht im Hinblick auf die Fusionskontrolle den wirtschaftlichen Wettbewerb zur Pluralismussicherung nicht für ausreichend. Die besondere Bedeutung der Rundfunkfreiheit für die öffentliche Meinungsbildung gebietet es sicherzustellen, dass der Rundfunk weder dem Staat noch einzelnen gesellschaftlichen Gruppen ausgeliefert wird. Der Gesetzgeber ist verpflichtet, der Entstehung vorherrschender Meinungsmacht entgegenzuwirken. Dahinter steht die Besorgnis, dass Private Einfluss auf die Staatsgewalt nehmen können, wenn sie über Massenmedien verfügen. Die Funktionsfähigkeit des freiheitlich-demokratischen Ordnungsgefüges verlangt auch den Schutz hiervor.[25] Die privaten Veranstalter unter-

---

22 Dörr in Eberle u.a. (Hrsg.), Kap. III, Rn. 90.

23 Nicht gesichert wird damit Qualität und die Wahrung der Interessen von Minderheiten. Der Erhalt von publizistischem Wettbewerb bzw. publizistischer Vielfalt ist daher zusätzlich und medienspezifisch im Rundfunkstaatsvertrag bzw. dem Medienrecht der Bundesländer geregelt.

24 BVerfGE 20, 162, 174. Im Bereich der Printmedien hat die Dichte der Zeitungen in der Bundesrepublik Deutschland seit den 1950er Jahren drastisch abgenommen. In der Folge entstanden in etwa der Hälfte der deutschen Großstädte örtliche Zeitungsmonopole. 1976 wurde die sog. Presserechenklausel des § 38 Abs. 3 GWB eingeführt. Danach ist „für den Verlag, die Herstellung und den Vertrieb von Zeitungen, Zeitschriften und deren Bestandteilen, die Herstellung, den Vertrieb und die Veranstaltung von Rundfunkprogrammen und den Absatz von Rundfunkwerbezeiten (…) das Zwanzigfache der Umsatzerlöse in Ansatz zu bringen." 1999 wurde diese Klausel auf den Rundfunk erstreckt. Sie gilt auch für die Veranstaltung von Rundfunkprogrammen und den Absatz von Rundfunkwerbezeiten. Die Rechenklausel führt auch zu einer Herabsetzung der die sog. Bagatellmarktschwelle des §35 Abs. 2 Nr.2 GWB von 15 Millionen auf 750.000 Euro, so dass Untersagungen im Bereich der Presse auch auf örtliche Märkte mit vergleichsweise geringem Umsatz gestützt werden. Da sich die Presse- und Rundfunkmärkte immer weiter regionalisieren, sollen auch Zusammenschlüsse von kleineren Unternehmen auf lokalen Märkten vom Kartellrecht erfasst werden, um auch hier Konzentrationsprozessen entgegenzuwirken.

25 Dörr in Eberle u.a. (Hrsg.), Kap. III, Rn. 88 ff..

liegen im Dualen System[26] einer begrenzten Aufsicht durch die Landesmedienanstalten der Bundesländer. Zur Rundfunkveranstaltung ist für sie grundsätzlich eine Zulassung erforderlich, bei der gleiche Zugangschancen[27] bestehen müssen. Über die Zulassung entscheiden die Landesmedienanstalten[28]. Deren öffentliche Aufgabe besteht darin, den individuellen Freiraum für die privaten Rundfunkveranstalter zu vermitteln, zu organisieren und dabei zugleich die gesamtgesellschaftlich bedeutsame Funktionsfähigkeit des privaten Rundfunks im allgemeinen Interesse zu sichern.[29] Die zuständige Anstalt hat vor und nach der Zulassung die Bedachtnahmen und die Einhaltung der für die privaten Veranstalter geltenden Bestimmungen zur Sicherung der Meinungsvielfalt zu überprüfen. Dazu sind zwei Einrichtungen geschaffen worden, nämlich die Kommission zur Ermittlung der Konzentration im Medienbereich (KEK) und die Konferenz der Direktoren der Landesmedienanstalten (KDLM).[30]

Vor allem die KEK als Sachverständigengremium ist für die Beurteilung von Medienkonzentration bei der bundesweiten Veranstaltung von Fernsehprogrammen von zentraler Bedeutung. Sie besteht aus sechs Sachverständigen des Rundfunk- und des Wirtschaftsrechts, von denen drei die Befähigung zum Richteramt haben müssen. Dabei bildet sie ein selbständiges Organ der jeweils für die Zulassung zuständigen Landesmedienanstalt, das in die Organisation der Medienzulassung und -aufsicht einbezogen ist[31]. Konkret ist es Aufgabe der KEK, im Sinne der Meinungsvielfalt eine zu starke Konzentration und die Entstehung von „Meinungskartellen" zu verhindern. Rechtsgrund-

---

26 Dazu Dörr/Schwartmann, Medienrecht, Rn. 189 ff.

27 Diese werden im Lizenzierungsverfahren geltend gemacht.

28 Die Einzelheiten des Zulassungsverfahrens sind in den jeweiligen Landesmedien- bzw. Landesrundfunkgesetzen geregelt.

29 Aus diesem Grund besteht wegen des Pluralitätsgebots die Notwendigkeit, dass die Landesmedienanstalten gesellschaftsplural organisiert sind. Die Landesmedienanstalten sind also verselbständigte und grundrechtssichernde Verwaltungseinheiten. Aus ihrer Autonomie folgt, dass die Entscheidungen von plural und staatsfern zusammengesetzten Gremien getroffen werden müssen.

30 § 35 Abs. 2 RStV. Diese arbeiten als Organe der jeweils zuständigen Landesmedienanstalt; sie stellen also keine selbständigen Organisationen dar.

31 Sie wird also z.B. als Organ der BLM tätig, wenn es um die Zulassung eines Veranstalters in Bayern geht, und als Organ der LfM, wenn es sich um Zulassungsfragen eines Veranstalters in Nordrhein-Westfalen handelt.

lage für die Tätigkeit der KEK sind die §§ 25 bis 34 über die Sicherung der Meinungsvielfalt im Rundfunkstaatsvertrag. Dieser gilt derzeit in seiner achten Fassung. Er geht davon aus, dass in Deutschland durch die öffentlich-rechtlichen und privaten bundesweiten Programme grundsätzlich Außenpluralität gewährleistet ist. Ein Unternehmen darf hierzulande selbst oder durch ihm zuzurechnende Unternehmen bundesweit eine unbegrenzte Anzahl von Programmen veranstalten, solange es keine vorherrschende Meinungsmacht erlangt.[32] Deshalb muss die KEK den Zuschaueranteil der jeweiligen Programme nach § 26 Rundfunkstaatsvertrag ermitteln[33]. Ob vorherrschende Meinungsmacht vorliegt, wird unter bestimmten Voraussetzungen unter Berücksichtigung von § 26 Abs. 2 Rundfunkstaatsvertrag vermutet.[34] Von deren Vorliegen geht man immer aus, wenn die einem Veranstalter zurechenbaren Programme im Jahresdurchschnitt einen Zuschaueranteil von 30 Prozent erreichen[35]. Allerdings lässt der § 26 Rundfunkstaatsvertrag die Annahmen einer vorherrschenden Meinungsmacht unter bestimmten Umständen auch schon bei einem Zuschaueranteil von 25 Prozent zu[36]. So kann dem so ge-

---

32 Hartstein/Ring/Kreile/Dörr/Stettner, § 26 RStV Rn. 4.

33 Um die Meinungsvielfalt im privaten Bereich und damit auch im Gesamtangebot zu sichern, hat der Rundfunkstaatsvertrag für den Bereich des bundesweiten Fernsehens nämlich das sogenannte Zuschaueranteilsmodell gewählt. Dazu Dörr in Eberle u.a. (Hrsg.), Kap. III, Rn. 92 m.w.N. Die KEK hat auch darüber zu entscheiden, welches Unternehmen zur Ermittlung der Zuschaueranteile von den Landesmedienanstalten letztlich beauftragt wird (§ 27 RStV). Solange eine solche Beauftragung nicht erfolgt ist, sind die Daten der GfK zugrunde zu legen. Nach der Übergangsbestimmung des § 34 RStV die vorhandenen Daten über Zuschaueranteile. Bislang ist es bei diesem System geblieben und es gibt noch keine neue Form der Datenerhebung.

34 Wobei die KDLM den Standpunkt vertritt, dass es sich hierbei nicht um eine Vermutungsregel handelt. Vgl. ZUM 1998, 1054. Anders KEK 026 – Premiere, ZUM – RD 1999, 251, 258; KEK 007/029 – Pro 7, ZUM – RD 1999, 241, 248; KEK 040 – ZUM – RD 2000, 41, 50; KEK, Fortschreitende Medienkonzentration im Zeichen der Konvergenz, 2000, 54 ff.; für Vermutungsregelung auch Prütting, Die Vermutung vorherrschender Meinungsmacht, in: Stern/Prütting (Hrsg.), Marktmacht und Konzentrationskontrolle auf dem Fernsehmarkt, München 2000, S. 115 ff., 121 ff.

35 Vgl. § 26 Abs. 2 S. 1 RStV. Dazu Dörr in Eberle u.a. (Hrsg.), Kap. III, Rn. 93 ff. Einem Unternehmen werden sämtliche Programme eines anderen Unternehmens zugerechnet, wenn es an dessen Kapital oder Stimmrechten mit mindestens 25% beteiligt ist (§ 28 Abs. 1 S. 1 RStV.) oder unter bestimmten Umständen auch von 25% erreichen.

36 Vgl. § 26 Abs. 2 Satz 2 RStV. Dies ist aber nur möglich, sofern das Unternehmen auf einem medienrelevanten verwandten Markt eine marktbeherrschende Stellung hat (§ 26 Abs. 2 Satz 2 Alt. 1 RStV) bzw. eine Gesamtbeurteilung seiner Aktivitäten im Fernse-

nannten „cross-ownership" Rechnung getragen werden und etwa der Printmarkt über die medienrelevanten verwandten Märkte in die Bewertung vorherrschender Meinungsmacht im Rundfunkmarkt einbezogen werden.[37] Schließlich kann vorherrschende Meinungsmacht nach Auffassung der KEK auch außerhalb der Vermutungsregeln nach dem Rundfunkstaatsvertrag vorliegen[38]. Das Sachverständigengremium nimmt eine Gesamtbetrachtung vor

---

hen und auf medienrelevanten verwandten Märkten den Schluss zulassen, dass der dadurch erzielte Meinungseinfluss dem eines Unternehmens mit einem Zuschaueranteil von 30 Prozent im Fernsehen entspricht (§ 26 Abs. 2 Satz 2 Alt. 2 RStV).

37 Dazu auch Dörr in Eberle u.a. (Hrsg.), Kap. III, Rn. 97. Zugleich existiert ein Bonussystem, nach dessen Maßgabe die Vielfalt verstärkt werden kann. Es wurde durch den Sechsten Rundfunkänderungsstaatsvertrag in Satz 3 in § 26 Abs. 2 RStV eingeführt. Dazu Dörr in Eberle u.a. (Hrsg.), Kap. III, Rn. 98. Bei der Berechnung des Zuschaueranteils kommen einem Unternehmen, Regionalfenster in den Vollprogrammen (§ 25 Abs. 4 RStV) und das Einräumen von Sendezeit für Dritte in ihrem zuschauerstärksten Programm (§ 26 Abs. 5 RStV) zugute. Dies wirkte sich aber im Fall Axel Springer AG und ProSiebenSat.1Media AG aufgrund Geringfügigkeit nicht aus. Es haben sich sowohl die RTL Group als auch die ehemalige Kirch-Gruppe haben seit Jahren verpflichtet (Auf der Grundlage des § 25 Abs. 4 RStV.), Regionalfensterprogramme zu senden, deren Weiterverbreitung nunmehr gesetzlich stärker abgesichert ist als bisher. Ferner haben die beiden führenden privaten Fernsehveranstalter entsprechend ihrer gesetzlichen Verpflichtung unabhängige Drittsendungen in ihr Programm aufgenommen, so dass bei Anrechnung dieser vielfaltsichernden Maßnahmen der Schwellenwert wieder um fünf Prozent gehoben wird, wenn die Bonusregelungen beide zur Anwendung kommen. In der Praxis kommt es also im Ergebnis zu einer Vereinheitlichung der beiden genannten Vermutungstatbestände bei 25% (§ 26 Abs. 2. RStV). Geholfen hätte im Hinblick auf die Vielfaltsicherung allerdings der Verzicht der Axel Springer AG auf einen großen Sender also ProSieben oder Sat.1 oder die Schaffung eines Beirats. Vgl. Beschluss v. 10.1.2006 KEK 293-1 bis -5, S. 104. Dies war aber für die Axel Springer AG am Ende keine Option.

38 Beschluss v. 10.1.2006 KEK 293-1 bis -5, S. 78 f. So auch Groh, Die Bonusregelungen des § 26 Abs. 2 S. 3 des Rundfunkstaatsvertrages, Frankfurt a. M. 2005, S. 186 ff., insbesondere S. 198 f.; Hain, MMR 2000, 537 ff.; Hartstein/Ring/Kreile/Dörr/Stettner, Rundfunkstaatsvertrag, Bd. II, Loseblatt, 28. Erg. Lief., München 2006, B 5, § 26 Rdnr. 8; Janik, AfP 2002, 104, 111; Kübler, Media Perspektiven 1999, 379, 382; Lange, Media Perspektiven 2005, 546, 554 f.; P. O. Mailänder, Konzentrationskontrolle zur Sicherung von Meinungsvielfalt im privaten Rundfunk, Baden-Baden 2000, S. 296; Renck-Laufke, ZUM 2000, 105, 108; Prütting, Die Vermutung vorherrschender Meinungsmacht, in: Stern/Prütting, (Hrsg.) Marktmacht und Konzentrationskontrolle auf dem Fernsehmarkt, München 2000, S. 115, S. 121 ff.; Stock in: Stock/Röper/Holznagel Medienmarkt und Meinungsmacht, Berlin Heidelberg 1997, S. 29; differenzierend Holznagel/Krone, MMR 2005, 666, 673. Zu § 26 RStV auch Clausen-Muradian, Konzentrationstendenzen und Wettbewerb im Bereich des privaten kommerziellen Rundfunks und die Rechtsprobleme staatlicher Rechtsaufsicht, Frankfurt a.M. 1998, S. 164; Hepach, ZUM 2003, 112, 115 f. Müller, Konzentrationskontrolle zur Sicherung der Informati-

und begreift die Vermutungsregelungen[39] als Mittel, um den Nachweis der vorherrschenden Meinungsmacht zu erleichtern bzw. diesen exemplarisch zu konkretisieren[40]. Bei dieser Gesamtbetrachtung kommt es der KEK neben dem Zuschaueranteil auch entscheidend auf die Aktivitäten auf sog. „medienrelevanten verwandten Märkten"[41], etwa dem Printmarkt, an. Suggestivkraft, Breitenwirkung und Aktualität von Produkten im Print-, Hörfunk- und Onlinebereich verengen für die KEK die Vielfalt[42]. Herr Dörr wird diesen Punkt, der im Verfahren Axel Springer AG und ProSiebenSat.1Media AG zentral war, noch erörtern. Was sind die Rechtsfolgen einer KEK-Entscheidung? Stellt die Kommission eine vorherrschende Meinungsmacht fest, so darf eine Zulassung nicht erteilt bzw. eine Beteiligung nicht erworben werden[43]. Anders als im Kartellrecht ist im Rundfunkkonzentrationsrecht nicht nur äuße-

---

onsfreiheit, München 2004, S. 226 ff., insbesondere S. 239 ff.; Peifer, Vielfaltsicherung im bundesweiten Fernsehen, München 2005, S. 43 ff., insbesondere S. 78; Engel, Zuschaueranteile in der publizistischen Konzentrationskontrolle, ZUM 2005, 776 ff.

39 Vgl. § 26 Abs. 2 RStV.

40 Beschluss v. 10.1.2006 KEK 293-1 bis -5, S. 71 f. A.A. Engel, ZUM 2005, 776 ff. in einem Rechtsgutachten im Auftrag der Axel Springer AG. In diesem Fall fungieren die Vermutungsregeln für die KEK als Leitbild einer allein auf § 26 Abs. 1 RStV gestützten Entscheidung. Dies kam im Fall der Axel Springer AG bei der versuchten Übernahme von ProSiebenSat.1Media AG zum Tragen. Zwar erreichte der Sender einen für das Eingreifen der Vermutungsregel zu geringen Zuschaueranteil (Knapp 21% im Dezember 2005.) Die KEK ermittelte die vorherrschende Meinungsmacht aber im Rahmen einer „Gesamtbetrachtung aller relevanten Umstände unter maßgeblicher Berücksichtigung der Vorgaben" der Vermutungsregelung. Vgl. Beschluss v. 10.1.2006 KEK 293-1 bis -5, S. 79.

41 § 26 Abs. 2 Satz 2 Alt. 2 RStV.

42 Beschluss v. 10.1.2006 KEK 293-1 bis -5, S. 81 und 87 ff. Die KEK sah im Fall Axel Springer AG und ProSiebenSat.1Media AG die kritische 30 %- Grenze als „weit überschritten" an. Beschluss v. 10.1.2006 KEK 293-1 bis -5, S. 99. Der Verlag sah freilich keine Gefahr für die Meinungsvielfalt. Zum einen entstünden nur im Zusammenhang mit dem digitalen Geschäft der Zukunft crossmediale Effekte oder Synergien für das Unternehmen. „Die Idee von der zentralistisch gesteuerten Meinungsmacht" wies Matthias Döpfner in einem Zeitungsinterview es als „völlig lebensfremd" zurück, weil dies mit der kreativen Arbeitsweise des Journalisten und dem Interesse des Verlagshauses daran, nicht zu vereinbaren sei. „Wir würden uns damit unser wichtigstes Kapital, das kreative Kapital, gefährden und damit das gesamte Geschäft kaputt machen.", sagte er. Vgl. M. Döpfner im Interview mit der F.A.Z. Nr. 3 vom 4.1.2006, S. 34.

43 Dörr in Eberle u.a. (Hrsg.), Kap. III, Rn. 101. Zum Rechtsschutz bei Abweichung von einer Entscheidung der KEK und gegen die Konzentrationsentscheidung der KEK Dörr/Schwartmann, Medienrecht, Rn. 209 ff.

res[44] sondern auch inneres Wachstum[45] relevant, wenn es zu vorherrschender Meinungsmacht führt. Im Zusammenhang mit den Fragen der Konzentration bei privaten bundesweiten Fernsehprogrammveranstaltern ist die Beurteilung der KEK für die Landesmedienanstalten grundsätzlich verbindlich. Wenn die zuständige Landesmedienanstalt von der Beurteilung der KEK abweichen will, kann sie die KDLM als eigenes Organ anrufen[46]. Eine Abweichung von der KEK-Entscheidung ist nur möglich, wenn eine Dreiviertel-Mehrheit der Direktoren einen abweichenden Beschluss fasst, der dann an die Stelle der KEK-Entscheidung tritt.[47]

Lassen Sie mich ein Ergebnis formulieren: Unsere Rechtsordnung unterstützt die Freiheit von Medienunternehmen, sich aus wirtschaftlichen Gründen zusammenzuschließen. Zugleich zieht sie dieser Freiheit aber Grenzen. Das Spannungsfeld zwischen Macht und Vielfalt ist aufgezeigt. Den schwierig zu ziehenden Grenzverlauf zwischen den Bereichen wird mein Kollege Dieter Dörr – der oberste Vertreter der KEK als Hüterin der Meinungsvielfalt – aus rundfunkkonzentrationsrechtlicher Sicht vorstellen bevor Herr Dr. Böge – als „oberster Wettbewerbshüter" – dies aus Perspektive des Bundeskartellamtes übernehmen wird. Ich kann mir vorstellen, dass Herr Doetz als Verfechter des Standpunktes der unternehmerischen Freiheit der Medienunternehmer den Verlauf der Grenze anders zieht und freue mich auf eine kontroverse Debatte.

---

44 § 26 Abs. 4 RStV.
45 § 26 Abs. 3 RStV.
46 § 35 Abs. 2 Nr. 2 RStV.
47 Eine Anrufung der KDLM mit dem Ziel, von der KEK-Empfehlung abzuweichen, kann aber nur durch die jeweils zuständige Landesmedienanstalt erfolgen, andere Landesmedienanstalten dürfen die KDLM in einer solchen Sache nicht anrufen. Die Konzentrationsentscheidung der KEK ist letztlich verwaltungsgerichtlich überprüfbar, hierzu kam es aber im Falle von Axel Springer AG und ProSiebenSat.1Media AG nicht. Zu diesen Fragen Dörr/Schwartmann, Medienrecht, Rn. 209 ff.

DIE SPRINGER-ENTSCHEIDUNG DER KEK UND IHRE FOLGEN

Dieter Dörr

Um im bundesdeutschen privaten Fernsehen die Meinungsvielfalt zu sichern bzw. vorherrschende Meinungsmacht zu verhindern, haben die Länder in den §§ 25 ff. RStV das so genannte Zuschaueranteilsmodell verankert, dessen Grundlinien Herr Kollege Schwartmann bereits aufgezeigt hat. Dieses Modell hat mit dem Springer Fall[1] eine wichtige Bewährungsprobe hinter sich gebracht. Dabei gehen die Meinungen weit auseinander, ob es und die mit seiner Durchsetzung betrauten Einrichtungen, also in erster Linie die KEK, diese Bewährungsprobe bestanden haben.[2] Ursprünglich begrenzte der Rundfunkstaatsvertrag die Beteiligungen im Hinblick auf das bundesweite private Fernsehen. Da sich diese Lösung aus Sicht der Länder in der Praxis nicht bewährte, verständigten diese sich im Jahr 1996 im Dritten Rundfunkänderungsstaatsvertrag, der am 1. Januar 1997 in Kraft trat, auf das Zuschaueranteilsmodell. Sie vertrauten in erster Linie der Kommission zur Ermittlung der Konzentration im Medienbereich (KEK) die Sicherung der Meinungsvielfalt im privaten Fernsehen an. Angesichts der neuesten Entwicklungen muss man sich fragen, ob dieses Zuschaueranteilsmodell tatsächlich geeignet ist, vorherrschende Meinungsmacht zu verhindern. Im Anschluss an die Entscheidung der KEK vom 10. Januar 2006, mit der diese die Übernahme der ProSiebenSat.1Media AG durch die Axel Springer AG ablehnte, wurden und werden von verschiedener Seite Forderungen zur Umgestaltung der Konzentrationskontrolle erhoben, die neben abgewogenen Überlegungen[3] auch Vor-

---

1 Vgl. Beschluss der KEK vom 10.1.2006, AZ 293-1 bis -5, abrufbar unter www.kek-online.de/kek/verfahren/kek293prosieben-sat1.pdf.

2 Vgl. etwa die kritischen und sehr polemischen Bewertungen von Säcker, Zur Ablehnung des Zusammenschlussvorhabens Axel Springer AG/ProSiebenSat.1 Media AG durch KEK und Bundeskartellamt, K&R 2006, 49 ff. und Bornemann, Die Bedeutung der „starken Stellung" in der Medienkonzentrationskontrolle, ZUM 2006, 200 ff.; sowie die abgewogene Auseinandersetzung mit der Entscheidung und der Kritik bei Hain, Springer, ProSiebenSat.1 und die KEK – eine Nachlese, K&R 2006, 150 ff.

3 Vgl. etwa Ministerpräsident Beck, Interview des Tages, Digitalmagazin. info vom 17. Februar 2006, S.1 f.

schläge[4] enthalten, die darauf hinauslaufen, die unabhängige Sicherung der Meinungsvielfalt im privaten Fernsehen durch die KEK weitgehend abzuschaffen bzw. dieses Gut anderen Interessen, insbesondere Standortinteressen, zu opfern.

Sicherlich weisen die deutschen Regelungen gewisse Schwachstellen auf. Dies gilt insbesondere in verfahrensrechtlicher Hinsicht. Deshalb, aber auch nur deshalb, ist es angezeigt, über maßvolle Änderungen der Vorschriften zur Sicherung der Meinungsvielfalt nachzudenken. Ansonsten sind die Bestimmungen der §§ 26 ff. RStV viel besser als es von interessierter Seite nach der Springer-Entscheidung der KEK glauben gemacht wird. Sie können ganz im Gegenteil durchaus als Vorbild herangezogen werden, wie man die notwendige Meinungsvielfalt im Bereich des Fernsehens und vielleicht auch darüber hinaus zu sichern vermag. Dies werden die nachfolgenden Ausführungen belegen.

Mit den Bestimmungen zur Sicherung der Meinungsvielfalt im privaten Rundfunk, wie sie nunmehr in §§ 25 ff. RStV verankert sind, versucht der Gesetzgeber dem vom Bundesverfassungsgericht aus der Rundfunkfreiheit des Art. 5 Abs. 1 Satz 2 GG abgeleiteten Auftrag, der Entstehung vorherrschender Meinungsmacht entgegenzuwirken,[5] Rechnung zu tragen. Gerade die Rundfunkfreiheit ist wie kaum ein anderes Grundrecht durch die Rechtsprechung des Bundesverfassungsgerichts geprägt. Das Bundesverfassungsgericht hat als authentischer Interpret des Grundgesetzes aus der knappen Bestimmung des Art. 5 Abs. 1 Satz 2 GG differenzierte und weitgehende Anforderungen an die Rundfunkordnung in der Bundesrepublik Deutschland entwickelt.

Auf der Grundlage einer von ihm als „dienende Freiheit" verstandenen Rundfunkfreiheit betont das Bundesverfassungsgericht, dass gesetzliche Regelungen notwendig sind, die sicherstellen, dass die Vielfalt der bestehenden Meinungen im Rundfunk in größtmöglicher Breite und Vollständigkeit bzw. un-

---

4 Vgl. etwa Doetz, Das kann nur besser werden, epd medien 14/2006, S. 3 ff. (4) vom 22.2.2006; siehe auch Pressemitteilung der ALM 01/2006 vom 4.1.2006, abrufbar unter www.alm.de/index.php?id=34&backPid=67&tt_news=326&cHash=1e924672f6.
5 Vgl. BVerfGE 73, 118, 172 und 175.

verkürzt zum Ausdruck gelangen[6]. Dabei ist zunächst auf das Gesamtangebot der elektronischen Medien abzustellen, also das Angebot des öffentlich-rechtlichen Rundfunks in die Ermittlung des Vielfaltbefundes einzubeziehen. Aber auch der private Rundfunk unterliegt für sich allein einem entsprechenden Gebot in freilich abgesenkter Weise: Er hat lediglich einem „Grundstandard gleichgewichtiger Vielfalt"[7] zu genügen. Zudem hat das Bundesverfassungsgericht unmissverständlich darauf hingewiesen, dass ein ausgewogenes und vielfältiges Angebot der öffentlich-rechtlichen Rundfunkanstalten allein nicht genügt, um eventuelle Defizite im privaten Bereich auszugleichen. Deshalb ist nach dieser Rechtsprechung[8] die Vielfalt der Anbieter und damit der Meinungen von Verfassungs wegen auch im Bereich der privaten Veranstalter durch den Rundfunkgesetzgeber zu gewährleisten. Bei der Aufgabe, die Meinungsvielfalt in dieser Weise zu sichern, handelt es sich zunächst um eine Angelegenheit der Länder. Die Landesgesetzgeber haben demnach dafür Sorge zu tragen, dass das Gesamtangebot der inländischen Programme die Vielfalt der bestehenden Meinungen in größtmöglicher Breite und Vollständigkeit bzw. unverkürzt zum Ausdruck bringen und dass der Rundfunk nicht einer oder einzelnen gesellschaftlichen Gruppen ausgeliefert wird. Dabei handelt es sich nicht um eine bloße Zuständigkeit der Länder, sondern um eine Pflicht von hoher Bedeutung, da Fehlentwicklungen in diesem Bereich besonders schwer rückgängig gemacht werden können.[9]

Der RStV legt für bundesweit verbreitete Fernsehprogramme einheitliche Anforderungen fest. Diese Regelungen sind praktisch von hoher Bedeutung, da das bundesweite Fernsehen wirtschaftlich und im Hinblick auf die öffentliche Meinungsbildung eine herausragende Rolle einnimmt.

Der Rundfunkstaatsvertrag enthält in den §§ 25 ff. RStV besondere Vorschriften, die auf der Grundlage verfassungsgerichtlicher Vorgaben die Meinungsvielfalt im bundesweiten privaten Fernsehen gewährleisten sollen. Vor dem

---

6 Vgl. BVerfGE 57, 295, 320 und 323.
7 BVerfGE 73, 118, 159; 83, 238, 297.
8 BVerfGE 83, 238, 296 f.; 57, 295, 324.
9 So eindringlich BVerfGE 57, 295, 323; 73, 118, 160; vgl. zum Ganzen auch Dörr, Das für die Medienkonzentration maßgebliche Verfahrensrecht, in: Die Landesmedienanstalten (Hrsg.), Die Sicherung der Meinungsvielfalt, Berlin 1995, S. 331, S. 337 ff.

Hintergrund dieses spezifischen Medienkonzentrationsrechts ist zunächst von Interesse, wie sich die Bestimmungen des Rundfunkstaatsvertrages zu den Vorschriften des Gesetzes gegen Wettbewerbsbeschränkungen verhalten. Das GWB zielt im Unterschied zum Medienrecht auf die Beschränkung wirtschaftlicher Macht ab, um auf diese Weise wirtschaftlichen Wettbewerb als Steuerungsinstrument auch im Interesse der Verbraucher zu erhalten. Dabei ist durchaus einzuräumen, dass die Erhaltung wirtschaftlicher Vielfalt dazu beitragen kann, auch die Meinungsvielfalt zu fördern. Das Kartellrecht kann also das Rundfunkrecht tendenziell entlasten. Diesen Umstand machen sich manche Landesmediengesetze zu Nutze, indem sie vor Lizenzerteilung die Vorlage einer kartellrechtlichen Unbedenklichkeitsbescheinigung verlangen.[10]

Dadurch wird auch deutlich, dass das Rundfunkrecht und das nationale Kartellrecht, obwohl sie sich partiell ergänzen, nebeneinander zur Anwendung kommen. Dies liegt daran, dass die Länder zur Regelung des Rundfunks und damit auch zur Sicherung der Meinungsvielfalt die Gesetzgebungszuständigkeit besitzen, wohingegen der Bund aufgerufen ist, die wirtschaftliche Macht durch das von ihm zu schaffende Kartellrecht zu begrenzen.

Schließlich macht das geltende nationale Kartellrecht auch der Sache nach die rundfunkrechtlichen Regelungen zur Sicherung der Meinungsvielfalt nicht überflüssig oder entbehrlich. Schon vom Anwendungsbereich her gesehen erfasst das geltende Kartellrecht die Problematik nur unvollkommen. Der Fusionskontrolle nach §§ 35 f. GWB unterliegt nur der Zusammenschluss zu Rundfunkunternehmen, nicht aber der weit häufigere Fall der Gründung von Rundfunkunternehmen durch Einzelunternehmen, die bereits in anderen Bereichen eine marktbeherrschende Stellung innehaben. Auch der Fall des inneren Wachstums fällt nicht in den Anwendungsbereich des Kartellrechts, wird aber, wenn er zu vorherrschender Meinungsmacht führt, von § 26 RStV erfasst. Schließlich ist, wenn durch das Kartellrecht wirtschaftliche Macht im Bereich der privaten Rundfunkunternehmen beschränkt wird, noch keineswegs die von der Verfassung geforderte Meinungsvielfalt gewährleistet. Die Beschränkung wirtschaftlicher Macht ist vielmehr eine notwendige, aber kei-

---

10 Vgl. etwa § 25 Abs. 4 LMedG Baden-Württemberg; § 17 Abs. 7 HPRG; § 8 Abs. 3 SPRG; § 6 Abs. 7 PRG Sachsen-Anhalt; § 17 Abs. 4 PRG.

ne hinreichende Bedingung, um die von der Verfassung geforderte Meinungsvielfalt im Bereich des privaten Rundfunks zu sichern.

Bereits mit dem Dritten Rundfunkänderungsstaatsvertrag haben die Länder für den Bereich des bundesweiten Fernsehens das Zuschaueranteilsmodell eingeführt, nachdem man zunächst die Anzahl an Beteiligungen zu begrenzen versuchte, was teilweise als unbefriedigend empfunden wurde.

Die Einzelheiten des Zuschaueranteilsmodells sind in den Vorschriften über die Sicherung der Meinungsvielfalt (§§ 25-34 RStV) geregelt und wurden von Herrn Kollegen Schwartmann bereits erläutert. Das Kernstück bildet § 26 RStV in der Fassung des Achten Rundfunkänderungsstaatsvertrages, in dem auch die unterschiedlichen Vermutungstatbestände verankert sind.

Der Rundfunkstaatsvertrag hat für die Aufgabe, die Meinungsvielfalt zu sichern, zwei Einrichtungen geschaffen, nämlich die Kommission zur Ermittlung der Konzentration im Medienbereich (KEK) und die Konferenz der Direktoren der Landesmedienanstalten (KDLM). Zunächst obliegt es der jeweils zuständigen Landesmedienanstalt, vor und nach der Zulassung die Einhaltung der für die privaten Veranstalter geltenden Bestimmungen zur Sicherung der Meinungsvielfalt zu überprüfen. Zur Erfüllung dieser Aufgabe bedient sie sich nach § 35 Abs. 2 RStV vor allem der KEK und in besonders gelagerten Fällen der KDLM. Sowohl die KEK als auch die KDLM arbeiten als Organe der jeweils zuständigen Landesmedienanstalt; sie stellen also keine rechtlich selbständigen Organisationen dar. Dabei nimmt die KEK eine zentrale Rolle ein, wenn es um die Vielfaltsicherung bei bundesweiten Veranstaltern von Fernsehprogrammen geht.

Dies ist auf die mit dem Zuschaueranteilsmodell erfolgten Änderungen zurückzuführen. Im Vorfeld des Dritten Rundfunkänderungsstaatsvertrages waren sich nämlich sämtliche Länder auch darüber einig, dass die Kontroll- und Prüfungsbefugnisse und vor allem das Verfahren der Medienaufsicht dringend reformbedürftig waren. Daher sehen die Vorschriften der §§ 22 f. RStV für die Landesmedienanstalten einmal diejenigen Auskunftsrechte und Ermittlungsbefugnisse vor, die auch dem Bundeskartellamt in dem durchaus vergleichbaren Verfahren nach dem Gesetz gegen Wettbewerbsbeschränkungen zur Verfügung stehen. Für die notwendige Vielfaltsicherung bei bundesweiten privaten Fernsehprogrammanbietern wurde zudem die KEK geschaffen. Sie besteht aus sechs Sachverständigen des Rundfunk- und des Wirtschaftsrechts, von denen drei die Befähigung zum Richteramt haben müssen, und bildet ein selbständiges Organ der jeweils für die Zulassung zuständigen Landesmedienanstalt. Sie ist in die Organisation der Medienzulassung und -aufsicht einbezogen, wird also z.b. als Organ der Bayerischen Landeszentrale für neue Medien (BLM) tätig, wenn es um die Zulassung eines Veranstalters in Bayern geht, und als Organ der Landesanstalt für Medien Nordrhein-Westfalen (LfM), wenn es sich um Zulassungsfragen eines Veranstalters in Nordrhein-Westfalen handelt. Die Besetzung der KEK orientiert sich am so genannten Ratsmodell, das auf ein System der Repräsentation gesellschaftlicher Vielfalt verzichtet und stattdessen auf ein kleines Gremium setzt.

Im Zusammenhang mit den Fragen der Medienkonzentration bei privaten bundesweiten Fernsehprogrammveranstaltern ist die Beurteilung der KEK für die jeweils zuständigen Landesmedienanstalten grundsätzlich verbindlich. Wenn die zuständige Landesmedienanstalt auf der Grundlage der Entscheidung ihres an sich für die Frage zuständigen Organs von der Beurteilung der KEK abweichen will, kann sie die Konferenz der Direktoren der Landesmedienanstalten (KDLM) als eigenes Organ gemäß § 35 Abs. 2 Nr. 2 RStV anrufen. Eine Abweichung von der KEK-Entscheidung ist allerdings nur möglich, wenn eine Dreiviertel-Mehrheit der Direktoren einen abweichenden Beschluss fasst, ansonsten bleibt der Beschluss der KEK bindend. Wird allerdings die Dreiviertel-Mehrheit in der ebenfalls neu geschaffenen KDLM erreicht, tritt der abweichende Beschluss dieses Gremiums an die Stelle der Entscheidung der KEK. Eine Anrufung der KDLM mit dem Ziel, von einem Beschluss der KEK abzuweichen, kann aber nur durch die jeweils zuständige Landesmedienanstalt erfolgen, andere Landesmedienanstalten dürfen die KDLM in einer solchen Sache nicht anrufen.

Die Vorschrift des § 26 Abs. 1 RStV verweist mit den Worten „nach Maßgabe" für die „vorherrschende Meinungsmacht" auf § 26 Abs. 2 RStV. Allerdings gibt § 26 Abs. 2 RStV als Maß lediglich drei Vermutungsregelungen vor. Die erste Vermutung knüpft an einen Zuschaueranteil von 30 vom Hundert an. Die zweite und die dritte Vermutung setzen einen Zuschaueranteil von 25 vom Hundert und weitere Faktoren voraus. Bei dem tatsächlichen Zuschaueranteil der zweiten Vermutungsregel kann der Veranstalter durch Regionalfenster einen Abzug von zwei Prozentpunkten und durch gleichzeitige

Aufnahme von Sendezeit für Dritte einen weiteren Abzug von drei Prozentpunkten erreichen.

Die Tatsache, dass der Gesetzgeber die drei Alternativen des § 26 Abs. 2 RStV als Vermutungstatbestände ausgestaltet hat, ist von entscheidender Bedeutung für die Frage, ob außerhalb der Vermutungstatbestände allein nach § 26 Abs. 1 RStV vorherrschende Meinungsmacht auf der Grundlage einer Gesamtbetrachtung bejaht werden kann.

Auch im Verwaltungsrecht ist davon auszugehen, dass Vermutungsregelungen von dem materiell-rechtlichen Tatbestand zu unterscheiden sind, dessen Nachweis sie erleichtern sollen. Davon zu trennen ist die zweite Frage, welche Bedeutung Vermutungen in einem Verwaltungsverfahren zukommt, für das die Untersuchungsmaxime gilt. Sie wirken sich dort nur auf die materielle Beweislast, aber nicht auf die Beweisführungslast aus.

Allerdings hatte die Konferenz der Direktoren der Landesmedienanstalten (KDLM) in einem „rechtsförmigen Beschluss" vom 7.11.1998[11] dezidiert die Auffassung vertreten, vorherrschende Meinungsmacht dürfe nur aus den Zuschaueranteilen des § 26 Abs. 2 RStV abgeleitet werden; andere Umstände seien nicht zu berücksichtigen. Damit verneinte sie letztlich, dass es sich bei § 26 Abs. 2 RStV um Vermutungsregelungen handelt. Dagegen hat die Kommission zur Ermittlung der Konzentration im Medienbereich (KEK) in ihren Entscheidungen einen qualitativen Ansatz gewählt, wonach der Eingriffstatbestand des § 26 Abs. 1 RStV unabhängig davon verwirklicht sein kann, ob zugleich ein Vermutungstatbestand nach § 26 Abs. 2 RStV gegeben ist.[12] Auch im Schrifttum wird teilweise[13], vor allem neuerdings im Zusammen-

---

11 ZUM 1998, 1054.
12 Vgl. KEK 026 – Premiere, ZUM – RD 1999, 251, 258; KEK 007/029 – Pro 7, ZUM – RD 1999, 241, 248; KEK 040 – ZUM – RD 2000, 41, 50; KEK, Fortschreitende Medienkonzentration im Zeichen der Konvergenz, 2000, 54 ff; eingehend zu der Bedeutung der Vermutungsregelung Prütting, Die Vermutung vorherrschender Meinungsmacht, in: Stern/Prütting (Hrsg.), Marktmacht und Konzentrationskontrolle auf dem Fernsehmarkt, München 2000, S. 115 ff., 121 ff.
13 Vgl. etwa Clausen-Muradian, Konzentrationstendenzen und Wettbewerb im Bereich des privaten kommerziellen Rundfunks und die Rechtsprobleme staatlicher Rechtsaufsicht, Frankfurt a.M. 1998, S. 164; Hepach, Der Kompetenzrahmen der KEK nach dem Sechsten Rundfunkstaatsvertrag, ZUM 2003, 112, 115 f. Müller, Konzentrationskon-

hang mit dem Springer-Verfahren[14], angenommen, dass § 26 Abs. 2 RStV eine abschließende materiell-rechtliche Regelung enthalte. Jedenfalls gilt dies nach dieser Auffassung, wenn es sich um die Feststellung vorherrschender Meinungsmacht zu Lasten des betroffenen Unternehmens handelt. Zugunsten der Unternehmen soll die Regelung dann aber widerlegbar sein. Man kann allerdings schlecht widerspruchsfrei behaupten, eine Regelung sei zur gleichen Zeit bloß eine für die Unternehmen widerlegbare Vermutung und eine für die KEK verbindliche Bestimmung. Wohl um diesen logischen Widerspruch zu vermeiden, wird teilweise behauptet.[15], dass nur die 25 Prozent-Grenze keine Vermutungsregelung, sondern eine Art Aufgreifkriterium ist.

Es handelt sich dabei keineswegs um einen Streit nur von akademischer Bedeutung. Vielmehr geht es bei der Frage, wie die angesprochenen Normen inhaltlich zu interpretieren sind, auch und wesentlich um den Bewegungsspielraum, über den die KEK bei der Feststellung vorherrschender Meinungsmacht verfügt. Die Annahme, vorherrschende Meinungsmacht lasse sich nur begründen, wenn die Voraussetzungen des § 26 Abs. 2 RStV vorliegen, widerspricht bereits dem Wortlaut des § 26 Abs. 2 Satz 1 RStV, der die Formulierung „vermutet" verwendet. Mit den Worten „Gleiches gilt" nimmt § 26 Abs. 2 Satz 2 RStV auf „vermutet" Bezug. Damit bringt der Wortlaut klar zum Ausdruck, dass es sich bei den Tatbeständen des § 26 Abs. 2 RStV um Vermutungsregelungen handelt.[16] Dafür spricht darüber hinaus die amtliche Begründung, die ausdrücklich betont: „Vielmehr wird das Unternehmen nachzuweisen und die KEK zu prüfen und festzustellen haben, in welcher Weise mit Blick auf die Gesamtheit der Programmangebote trotz Erreichens der 30 vom Hundert-Grenze, bzw. trotz der vorherrschenden Position auf Medienmärkten ein Mehr an qualitativer Meinungsvielfalt vorliegt. Die Ausgestaltung der 30 vom Hundert-Grenze als Vermutungsgrenze schließt umgekehrt nicht aus, dass die KEK vorherrschende Meinungsmacht im Fernsehen

---

trolle zur Sicherung der Informationsfreiheit, München 2004, S. 226 ff., insbesondere S. 239 ff.

14 Vgl. Peifer, Vielfaltsicherung im bundesweiten Fernsehen, München 2005, S. 43 ff., insbesondere S. 78; Engel, Zuschaueranteile in der publizistischen Konzentrationskontrolle, ZUM 2005, 776 ff.

15 So wohl Engel, Zuschaueranteile in der publizistischen Konzentrationskontrolle, ZUM 2005, 776, 782; ebenso Bornemann, (Fußn. 2), ZUM 2006, 200, 202.

auch unterhalb dieser Grenze feststellt. Allerdings wird dies an die KEK besondere Anforderungen an den Nachweis stellen." Zudem ist die gegenteilige Auffassung auch mit dem vom Bundesverfassungsgericht aufgestellten Gebot, vorherrschende Meinungsmacht vorbeugend zu verhindern, nicht vereinbar, zumal sich aus dieser Rechtsprechung ein Stück weit ableiten lässt, wie „vorherrschende Meinungsmacht" zu verstehen ist.[17] Demnach bleibt festzuhalten, dass „vorherrschende Meinungsmacht" auch außerhalb der Vermutungsregelungen bejaht werden kann, die Vorschrift des § 26 Abs. 1 RStV also einen eigenständigen Tatbestand darstellt.[18] Dies hat die KEK in ihrer Entscheidung vom 10. Januar 2006[19], mit der diese die Übernahme der ProSieben-Sat.1Media AG durch die Axel Springer AG ablehnte, nochmals eingehend dargelegt. Es ist allerdings schwer, den materiellen Begriff der „vorherrschenden Meinungsmacht" zu konkretisieren. Er bildet einen Sonderfall und verlangt, dass ein in hohem Maße ungleichgewichtiger Einfluss auf die öffentliche Meinungsbildung durch die massenmediale Vermittlung von Tatsachen und Meinungen gegeben ist. Die Bejahung vorherrschender Meinungsmacht setzt aber nicht die Dominanz eines Unternehmens voraus. Für die Beurteilung sind nicht nur die Vermutungsregelungen des § 26 Abs. 2 RStV, sondern alle insoweit aussagekräftigen Faktoren – wie etwa Cross-

---

16 So zu Recht Prütting (Fußn. 12), S. 125 f.

17 Vgl. dazu eingehend Hain, Vorherrschende Meinungsmacht i.S.d. § 26 Abs. 1, 2 RStV, MMR 2000, 537, 539 ff.; siehe auch Kübler, Medienkonzentrationskontrolle im Streit, Media Perspektiven 1999, 379, 381 ff.

18 So auch Groh, Die Bonusregelungen des § 26 Abs. 2 S. 3 des Rundfunkstaatsvertrages, Frankfurt a. M. 2005, S. 186 ff., insbesondere S. 198 f.; Hain, Vorherrschende Meinungsmacht i. S. d. § 26 Abs. 1, 2 RStV, MMR 2000, 537 ff.; Hartstein/Ring/Kreile/Dörr/Stettner, Rundfunkstaatsvertrag, Bd. II, Loseblatt, 28. Erg. Lief., München 2006, B 5, § 26 Rdnr. 8; Janik, Kapitulation vor der eingetretenen Medienkonzentration, AfP 2002, 104, 111; Kübler, Konzentrationskontrolle im Streit, Media Perspektiven 1999, 379, 382; Lange, Die Übernahme von ProSiebenSAT.1 durch den Axel-Springer-Konzern, Media Perspektiven 2005, 546, 554 f.; P. O. Mailänder, Konzentrationskontrolle zur Sicherung von Meinungsvielfalt im privaten Rundfunk, Baden-Baden 2000, S. 296; Renck-Laufke, Probleme der Konzentrationskontrolle im privaten Fernsehen, ZUM 2000, 105, 108; Prütting, Die Vermutung vorherrschender Meinungsmacht, in: Stern/Prütting, (Hrsg.) Marktmacht und Konzentrationskontrolle auf dem Fernsehmarkt, München 2000, S. 115, S. 121 ff.; Stock in: Stock/Röper/Holznagel Medienmarkt und Meinungsmacht, Berlin Heidelberg 1997, S. 29; differenzierend Holznagel/Krone, Wie frei ist die KEK? Ein Beitrag zur Auslegung des § 26 Abs. 2 Satz 2 RStV, MMR 2005, 666, 673.

Ownership-Phänomene – einzubeziehen. Trotz allem bleibt der in Rede stehende Rechtsbegriff in hohem Maße unbestimmt. Ist demnach kein Vermutungstatbestand gegeben, so muss die KEK im Einzelnen darlegen und nachweisen, warum trotzdem ein Fall der „vorherrschenden Meinungsmacht" gegeben ist. An diesen Nachweis sind besondere Anforderungen zu stellen.

Dies bedeutet allerdings keineswegs, dass der Begriff nicht operationabel ist. Vielmehr tragen die Vermutungsregeln des § 26 Abs. 2 RStV entscheidend zur Konkretisierung dieses unbestimmten Rechtsbegriffs bei. Deren Bedeutung erschöpft sich gerade nicht darin, materielle Beweislastregeln zu normieren. Vielmehr lassen sich ihnen, wie die KEK dargelegt hat[20], auch gesetzgeberische Leitbilder entnehmen, wie der Begriff der vorherrschenden Meinungsmacht zu konkretisieren ist[21]. Demnach kommt der Vorschrift des § 26 Abs. 2 RStV eine Leitbildfunktion bei der Anwendung von § 26 Abs. 1 RStV zu.

Ihr ist zunächst zu entnehmen, dass der Zuschaueranteil im bundesweiten Fernsehen das zentrale Kriterium dafür bildet, ob vorherrschende Meinungsmacht gegeben ist. Entscheidend ist dabei allein, welcher Anteil an der Gesamtnutzung des Fernsehens auf die einem Unternehmen bzw. einer Unternehmensgruppe insgesamt zurechenbaren Programme entfällt. Dabei begründet ein Zuschaueranteil ab 30 Prozent die Vermutung vorherrschender Meinungsmacht. Der Gesetzgeber geht also davon aus, dass bei einem solchen Zuschaueranteil regelmäßig vorherrschende Meinungsmacht gegeben ist, auch wenn diese Annahme widerleglich ist.

Allerdings stellt der Gesamtzuschaueranteil nach § 26 Abs. 2 RStV nicht den einzigen Indikator für vorherrschende Meinungsmacht dar. Die zweite und dritte Vermutungsregel geben zu erkennen, dass zur Sicherung der Meinungsvielfalt im Fernsehen auch Einflüsse auf die Meinungsbildung durch andere Medien zu berücksichtigen sind. Insbesondere dem dritten Vermutungstatbestand ist die gesetzgeberische Leitentscheidung zu entnehmen, dass vorherr-

---

19 Vgl. dazu www.kek-online.de/kek/verfahren/kek293prosieben-sat1.pdf, S. 70 ff.
20 Vgl. www.kek-online.de/kek/verfahren/kek293prosieben-sat1.pdf, S. 78 f.
21 Ähnlich Holznagel/Krone, Wie frei ist die KEK? Ein Beitrag zur Auslegung des § 26 Abs. 2 Satz 2 RStV, MMR 2005, 666, 673.

schende Meinungsmacht durch die Kumulation von Einflüssen im bundesweiten Fernsehen und in verwandten medienrelevanten Märkten entstehen kann. Maßstab ist dabei, dass der insgesamt erzielte Meinungseinfluss dem eines Unternehmens mit einem Zuschaueranteil von 30 Prozent oder mehr entsprechen muss. Mit diesem gesetzgeberischen Leitbild wird der Rechtsprechung des Bundesverfassungsgerichts Rechnung getragen, nach der sich vorherrschende Meinungsmacht gerade auch „aus einer Kombination der Einflüsse in Rundfunk und Presse" ergeben kann[22].

Mit dem Anknüpfen an einen Zuschaueranteil von 25 Prozent bringt diese Vermutungsregel zugleich das Leitbild zum Ausdruck, dass anderweitige Meinungspotenziale erst bei einer durch hohe Zuschaueranteile ausgewiesenen starken Stellung im bundesweiten Fernsehen berücksichtigt werden dürfen. Je weiter ein Unternehmen mit seinen ihm zurechenbaren Programmen von der 25 Prozent-Grenze entfernt ist, umso gewichtiger müssen deshalb die sonstigen Meinungseinflüsse auf medienrelevanten verwandten Märkten sein, um sie berücksichtigen zu können. Zudem muss auch auf dem verwandten medienrelevanten Markt ein signifikantes Meinungspotenzial vorliegen, das durch eine entsprechend starke Stellung des Unternehmens in diesem Bereich zum Ausdruck kommt.

Ob ein Meinungseinfluss vorliegt, der einem Unternehmen mit 30 Prozent Zuschaueranteil oder mehr entspricht, hängt entscheidend davon ab, wie die jeweiligen Stellungen auf medienrelevanten verwandten Märkten zu bewerten und zu gewichten sind. Dafür ist bedeutsam, welchen Grad von „Verwandtschaft" der „medienrelevante Markt" mit dem bundesweiten Fernsehen aufweist. Auch hier gibt die Rechtsprechung des Bundesverfassungsgerichts[23] wertvolle Hinweise, die insoweit auf die Merkmale der Suggestivkraft, Breitenwirkung und Aktualität abstellt. Dabei kann Suggestivkraft eines Mediums als Ergebnis der Kombination von Kommunikationsformen, also Text, Bild und Ton verstanden werden. Mit Ausnahme des Internets wird bei allen anderen Medien ein engeres Spektrum an Kommunikationsformen eingesetzt. Von einer geringeren Suggestivkraft im Vergleich zum Fernsehen ist somit auszugehen. Das Merkmal der Breitenwirkung stellt auf die Reichweite eines Me-

---

22 BVerfGE 73, 118, 175, 176.

diums in der Gesamtbevölkerung ab. Dabei ist aber auch die zeitliche und räumliche Disponibilität eines Mediums zu berücksichtigen, also die Frage, ob ein Medienprodukt (TV-Sendung, Zeitungsartikel etc.) unabhängig von Zeit und räumlicher (technischer) Umgebung genutzt werden kann. Mit der Aktualität wird üblicherweise die Tagesaktualität angesprochen.

Darüber hinaus lässt der Gesetzgeber mit dem Zuschaueranteilsmodell für das bundesweite Fernsehen auch erkennen, wie die medienrelevanten verwandten Märkte sachlich und räumlich zu bilden sind. Er knüpft an das gesamte bundesweite Fernsehen an und unterteilt dieses nicht in bestimmte Teilsegmente, etwa nach Programmgattungen, Vertriebswegen oder Finanzierungsformen. Dies legt es nahe, bei den medienrelevanten verwandten Märkten in gleicher Weise zu verfahren, also zum Beispiel – losgelöst vom kartellrechtlichen Bedarfsmarktkonzept - einen einheitlichen Tageszeitungs- oder Zeitschriftenmarkt zugrunde zu legen. Zudem muss der Meinungseinfluss nach einem Maßstab bewertet werden, der dem Zuschaueranteilsmodell, angepasst an die Besonderheiten des jeweiligen Mediums, möglichst entspricht.

Schließlich sind, entsprechend den Vorgaben des Rundfunkstaatsvertrages, auch vielfaltverstärkende Aspekte in die Gesamtbetrachtung einzubeziehen. Dazu zählen, wie die Bonusregelung des § 26 Abs. 2 Satz 3 RStV zeigt, Regional- und Drittfensterprogramme. Diesen erkennt der Rundfunkstaatsvertrag eine hohe Bedeutung zu.

Ausgehend von diesen Grundsätzen ist die KEK in ihrer Entscheidung vom 10. Januar 2006 zu dem Ergebnis gekommen, dass durch die geplante Übernahme der ProSiebenSat.1 Media AG durch die Axel Springer AG auch vorherrschende Meinungsmacht im Sinne des § 26 Abs. 1 RStV entstehen würde, obwohl im Hinblick auf den Zuschaueranteil von 22,06 Prozent die Vermutungsregelungen des § 26 Abs. 2 RStV nicht eingriffen. Dazu hat sie die Stellung der Axel Springer AG auf den unterschiedlichen medienrelevanten verwandten Märkten, insbesondere im Bereich der Tageszeitungen, eingehend ermittelt und anschließend nach Maßgabe der aufgezeigten Kriterien bewertet und gewichtet. Dabei mag man über die Gewichtungen der verschiedenen medienrelevanten verwandten Märkte im Vergleich zum Fernsehen trefflich

---

23 BVerfGE 90, 60, 87.

streiten können[24]. Unstreitig ist allerdings der Tatbestand, der die starke Stellung der Axel Springer AG im Bereich der Tageszeitungen und der Programmzeitschriften eindrucksvoll belegt. Was die Gewichtungen betrifft, sei folgender Hinweis erlaubt. Gerade weil diese nicht ohne Bewertungen möglich sind, hat man eine unabhängige Sachverständigenkommission mit der Sicherung der Meinungsvielfalt betraut, der bei diesen Fragen ein Beurteilungsspielraum zukommt. Die KEK hat auch keineswegs einfache Additionen vorgenommen oder mathematische Formeln verwendet. Sie hat vielmehr Antwort auf die Frage gegeben, wie der Einfluss der Axel Springer AG etwa im Bereich der Presse im Vergleich zu den Einflüssen zu gewichten ist, über die ein Unternehmen mit einem bestimmten Zuschaueranteil im Fernsehen verfügt. Dabei ist sie bezogen auf die Tageszeitungen zu dem Ergebnis gekommen, dass die Meinungsmacht, über die die Axel Springer AG dort verfügt, derjenigen Meinungsmacht entspricht, die ein Unternehmen mit einem Zuschaueranteil von ca. 17 Prozent im bundesweiten Fernsehen besitzt. Dass eine vergleichende Bewertung vorgenommen werden muss, ist durch das Leitbild des § 26 Abs. 2 Satz 2, 2. Alternative RStV vorgegeben. Die dafür maßgeblichen Kriterien, die der Rechtsprechung des Bundesverfassungsgerichts entstammen, hat die KEK offen gelegt.

Erst recht hat die KEK in ihrer Entscheidung kein Modell eines binnenpluralen privaten Rundfunks entwickelt, wie ihr nunmehr von Kritikern[25] vorgehalten wird. Dies belegt bereits die Lektüre der Entscheidungsgründe. Dort wird unmissverständlich dargelegt, dass die Gefahr vorherrschender Meinungsmacht in erster Linie dadurch hätte vermieden werden können, dass die Axel Springer AG auf den Erwerb eines der beiden großen Sender verzichtet. Diese Lösung wurde vom Verlag selber gegenüber der KEK kategorisch abgelehnt. Aus diesem Grunde wurde von der KEK die theoretisch mögliche Lösung angesprochen, ein zuschaueranteilsstarkes Programm so weit zu neutralisieren, dass es bei der Meinungsmacht der Axel Springer AG nicht mehr zugerechnet werden kann, zumal die Axel Springer AG den Eindruck erweckte, sie könne sich einen solchen Weg vorstellen. Dies setzt nach der Rechtsprechung des

---

24 Vgl. etwa die allerdings sehr polemische Kritik bei Säcker Zur Ablehnung des Zusammenschlussvorhabens Axel Springer AG/ProSiebenSat.1 Media AG durch KEK und Bundeskartellamt, K&R 2006, 49, 53 f.

Bundesverfassungsgerichts[26] voraus, dass dieses Programm binnenplural ausgestaltet wird. Nicht nur in den Entscheidungsgründen betont die KEK, dass es nicht ihre Sache ist, darüber zu entscheiden, ob eine solche Lösung unternehmerisch sinnvoll ist. Vielmehr hatte sie schon in den Anhörungen[27] darauf hingewiesen, dass sie sich ein solches Modell unter den Gesetzen des Marktes nur schwer vorstellen könne. Daraus wird deutlich, dass die KEK mitnichten eine binnenplurale Ausgestaltung eines privaten Fernsehprogramms im konkreten Fall als erwünschten Kompromiss vorschlug. Erst recht schwebt es ihr nicht vor, das gesamte private Fernsehen binnenplural auszugestalten.[28]

Die Regelungen im Rundfunkstaatsvertrag zur Sicherung der Meinungsvielfalt sind viel besser als ihr Ruf.[29] Der Gesetzgeber war klug genug, den Tatbestand der „vorherrschenden Meinungsmacht" nur durch Vermutungsregeln zu umschreiben. Das ist besser als der Versuch, eine Detailregelung zu treffen. Denn eins ist sicher: Die Wirklichkeit ist weitaus komplexer, als sich das ein Gesetzgeber vorher überhaupt vorstellen kann. Das Leben bringt unendlich viele neue Sachverhalte mit sich, die niemals vorab im Detail geregelt werden können. Auf solche neuen Herausforderungen, insbesondere auf die Digitalisierung und die Konvergenz, kann man wesentlich besser mit einem Tatbestand reagieren, der unbestimmte und daher auslegungsbedürftige Begriffe enthält, solange diese ausreichend konkretisierbar sind. Dies ist bei dem Begriff „vorherrschende Meinungsmacht" der Fall. Mit § 26 Abs. 2 RStV haben die Länder der unabhängigen und unparteilichen Sachverständigenkommission KEK, der die Auslegung des § 26 Abs. 1 RStV anvertraut ist, ein Leitbild an die Hand gegeben, was unter vorherrschender Meinungsmacht zu verstehen ist. Der dafür vorgegebene Maßstab ist im europäischen Vergleich nicht etwa streng, sondern großzügig. Dies ist im Hinblick auf die starke Stellung

---

25 Säcker (Fußn. 2), K&R 2006, 49.ff; ähnlich Doetz, (Fußn. 4) epd medien 14/2006, 3, 4.
26 BVerfGE 57, 298 ff.; 73, 118, 171.
27 Vgl. dazu auch Pressemitteilung 18/2005 der KEK vom 13.12.2005, abrufbar unter www.kek-online.de/cgi-bin/resi/i-presse/345.html.
28 Dies unterstellt ihr aber Säcker (Fußn. 2), K&R 2006, 49 ff.; vgl dazu auch Hain (Fußn. 2), K&R 2006, 150,151 ff.
29 Vgl. zur Diskussion um die Reformbedürftigkeit des Rundfunkstaatsvertrages auch epd medien 10/2006, 10 vom 22.2.2006.

des öffentlich-rechtlichen Rundfunks in Deutschland auch durchaus vertretbar.

Das Modell, die Meinungsvielfalt im privaten Fernsehen durch ein in jeder Hinsicht unabhängiges und weisungsfreies Expertengremium zu sichern, hat sich also, wie auch und gerade der Fall Springer belegt, grundsätzlich bewährt. Zudem ist durch die Tätigkeit der KEK im Bereich des bundesweiten Fernsehens eine auch in Europa wohl einmalige Transparenz geschaffen worden, die Entscheidungen werden zügig getroffen und sind umfassend begründet.

An der Trennung zwischen Kartell- und Medienrecht ist unbedingt festzuhalten. Das kartell- und das medienrechtliche Verfahren verfolgen unterschiedliche Ziele. Man würde das Kartellrecht überfrachten, wenn es für die Sicherung der Meinungsvielfalt sorgen sollte. Zudem fehlt dem Bund dafür die Zuständigkeit. Schließlich erkennt auch das Europarecht ausdrücklich an, dass die Mitgliedstaaten berechtigt sind, den Medienpluralismus außerhalb des Kartellrechts zu schützen. Die Sicherung der Meinungsvielfalt ist eine Grundvoraussetzung für die Informationsfreiheit und damit für die Demokratie. Ohne freie Meinungsbildung mit vielfältiger Information ist ein demokratisches Gemeinwesen nicht denkbar. Dies bedeutet nicht, dass die Verfahren vollständig getrennt ablaufen sollen. Vielmehr ist eine gegenseitige Abstimmung und Information erforderlich. Dafür sind die gesetzlichen Voraussetzungen durch die Bestimmungen der § 39 a RStV und § 50 c Abs. 2 GWB geschaffen worden, die sich in der Praxis bereits bewährt haben.

Allerdings ist es durchaus möglich und begrüßenswert, die Vorschriften zur Sicherung der Meinungsvielfalt im Detail zu verbessern. So wird die Idee, die Meinungsvielfalt standortunabhängig und vorbeugend zu sichern, im Rundfunkstaatsvertrag nicht durchgängig umgesetzt und nur unzureichend verfahrensrechtlich abgesichert. Dies führt zu der Gefahr, dass sich die Verfahren bei der KEK verzögern. Auch kann es zu Reibungsverlusten im Verhältnis zu einzelnen Landesmedienanstalten kommen. Schließlich erweist es sich manchmal für die KEK als schwierig, im Konfliktfall die Verfahrensbeteiligten anzuhalten, ihren Mitwirkungspflichten nachzukommen. Diese Defizite lassen sich durchaus abstellen.

So kann man die Weisungsunabhängigkeit der KEK durch eigenständige, das heißt nicht nur mittelbar über die jeweils zuständige Landesmedienanstalt geltend zu machende Auskunfts- und Ermittlungsbefugnisse absichern.

Zudem sollten die Länder auf die verwaltungsinterne „Berufungsinstanz" KDLM verzichten. Damit wird sichergestellt, dass die standortunabhängige KEK abschließend und verbindlich für die jeweilige Landesmedienanstalt über Fragestellungen der Meinungsvielfalt entscheidet. Selbstverständlich unterliegen die nachfolgenden Entscheidungen, die die Landesmedienanstalten auf dieser Grundlage gegenüber den Antragstellern treffen, der verwaltungsgerichtlichen Kontrolle. Gerade im Fall Springer hat sich gezeigt, dass der KDLM nicht hinreichend klar ist, welche Rolle ihr bei der Sicherung der Meinungsvielfalt zugewiesen ist. Sie ist – anders als der Bundeswirtschaftsminister bei der Ausnahmebewilligung im Kartellverfahren nach dem GWB – eben kein politisches Entscheidungsgremium, sondern hat – genau wie die KEK – nach dem Maßstab des § 26 RStV zu entscheiden. Dies belegen schon die zahlreichen Hinweise und Ratschläge einzelner Direktoren und Präsidenten während des laufenden Verfahrens. Noch problematischer wird der Vorgang, wenn Direktoren und Präsidenten von Landesmedienanstalten, die in dieser Eigenschaft auch Mitglieder der Konferenz der Direktoren der Landesmedienanstalten (KDLM) sind, eine Entscheidung der KEK öffentlich bewerten, bevor sie ihnen überhaupt zugegangen ist, also bevor sie die umfangreiche Begründung kennen können.[30] Schließlich muss man sich vor Augen führen, dass ein Teil dieser Direktoren bereits vor Kenntnis der Entscheidungsgründe und vor Anrufung der KDLM öffentlich, der Vorsitzende sogar im Rahmen einer Presseerklärung[31], kundtun, dass – falls die KDLM angerufen werde – die Entscheidung der KEK keinen Bestand haben werde. Am Ende steht das „Nachtreten" der KDLM, die zwar ihre Anrufung durch die BLM zwischenzeitlich für unzulässig hält, woraufhin die BLM ihren Antrag zurücknimmt, aber trotzdem glaubt, die Entscheidung der KEK öffentlich bewerten zu dürfen. Daraus wird nämlich deutlich, dass einigen Mitgliedern der KDLM unklar ist, welche Funktion diesem Organ bei der Sicherung der Mei-

---

30 Vgl. dazu epd medien 4/2006, 9 vom 18.1.2006 und epd medien 6/2006, 9 vom 25.1.2006.

nungsvielfalt zukommt. Ebenso wie die KEK hat die KDLM am Maßstab des
§ 26 RStV zu prüfen, ob durch einen geplanten Zusammenschluss vorherrschende Meinungsmacht entsteht. Es handelt sich dabei um eine Aufgabe, die am Maßstab des Rechts zu lösen ist. Die KDLM ist ein Organ für rechtliche Entscheidungen. Daher sind ihre Mitglieder unabhängig und müssen unvoreingenommen und unparteiisch unter Würdigung der Entscheidung der KEK darüber befinden, ob vorherrschende Meinungsmacht gegeben ist. Die Unvoreingenommenheit und Unparteilichkeit ihrer Mitglieder ist keine quantité negligeable, sondern rechtlich vorgegeben. Dies ergibt sich nicht nur daraus, dass selbstverständlich für dieses Verwaltungsverfahren wie für jedes andere die Befangenheitsregeln der §§ 20, 21 VwVfG bzw. die entsprechenden Vorschriften der Landesverwaltungsverfahrensgesetze gelten. Vielmehr folgt dies auch aus den Grundsätzen eines rechtsstaatlichen Verfahrens, zu dem das Erfordernis fairer Verfahrensführung[32] im Verwaltungsverfahren gehört. Ein besonders krasser Fall mangelnder Unparteilichkeit ist die Vorfestlegung in der Sache, insbesondere wenn sie vor Kenntnis der Entscheidungsgründe des Organs erfolgt, dessen Entscheidung man zu überprüfen hat. Sie hat daher zwingend die Befangenheit zur Folge, führt also dazu, dass der betreffende Direktor oder Präsident an den Beratungen und der Entscheidung in dieser Sache nicht mitwirken darf. Das mangelnde Verständnis dafür macht deutlich, dass einige Direktoren und Präsidenten die KDLM nicht als Organ, das eine rechtliche Entscheidung nach dem Maßstab des RStV und des dahinter stehenden Verfassungsrechts zu treffen hat, verstehen, sondern als politische Einrichtung begreifen, die bei ihrer Entscheidung außerhalb des einschlägigen Rechts liegende Überlegungen, wie Standortinteressen und Staatszugehörigkeit des Unternehmens, berücksichtigen darf. Dies alles belegt, dass auf die KDLM in Zukunft verzichtet werden sollte.

---

31 Vgl. Pressemitteilung 02/2006 der ALM vom 13.1.2006, abrufbar unter www.alm.de/index.php?id=34&backPid=67&tt_news=329&cHash=69d2179bfb.
32 Vgl. dazu Dörr, Faires Verfahren, Kehl am Rhein 1984, S. 169 ff.

MÖGLICHKEITEN UND GRENZEN VON MEDIENFUSIONEN
Ulf Böge

Die Tätigkeit des Bundeskartellamts im Medienbereich findet in der Öffentlichkeit eine große Resonanz – dies hat man jüngst am Springer-Fall wieder sehen können. Und das Thema des heutigen Symposions trifft den Nerv, wenn es fragt: „Wie viel Macht verträgt die Vielfalt"?

Was verstehen wir unter Macht? Und warum sind Macht und Vielfalt Gegensätze, die nicht miteinander in Einklang gebracht werden können?

Macht ist die Fähigkeit, das Verhalten und Denken Anderer im eigenen Sinne zu beeinflussen. Macht wird im allgemeinen Sprachgebrauch oftmals dem Begriff „Herrschaft" zugeordnet. Der Begriff „Macht" ist vielfach negativ besetzt. Wörter wie Machtapparat, Machthaber, Machtwillkür oder Machtspiele belegen dies. Wer ohne Macht ist, ist „ohnmächtig" und dem Mächtigen schutzlos ausgeliefert.

Bezogen auf die Medien bedeutet Medienmacht die Möglichkeit, auf die Meinung Anderer einzuwirken. Und eine solche Macht widerspricht den Grundsätzen einer Demokratie. Medien haben eine wichtige Funktion bei der Meinungsbildung der Bevölkerung. Die Pressefreiheit ist in Art. 5 des Grundgesetzes verankert. Das Bundesverfassungsgericht sieht die Pressefreiheit als „schlechthin konstituierend" für die demokratische Grundordnung an.

Erst die Möglichkeit, sich aus verschiedenen und unabhängigen Informationsquellen zu unterrichten, eröffnet die Möglichkeit der freien Meinungsbildung jedes Einzelnen.

Der Erhalt der publizistischen Vielfalt ist daher von elementarer Bedeutung für eine Demokratie. Und eine solche Vielfalt wird bedroht, wenn ein Einzelner oder einige Wenige Meinungsmacht innehaben oder über wirtschaftliche Macht verfügen, um die Meinungsbildung zu beeinflussen.

Dabei müssen wir festhalten, dass es zwischen Meinungsvielfalt und wirtschaftlicher Konzentration einen engen Zusammenhang gibt. Dies hatte bereits der Wissenschaftliche Beirat beim Bundesministerium für Wirtschaft und Technologie in einem Gutachten aus dem Jahre 1999 hervorgehoben.

Wenn das Bundeskartellamt also durch seine Arbeit die Entstehung von wirtschaftlicher Macht oder dessen Ausbau begrenzt, arbeitet es gleichzeitig zugunsten einer ausreichenden Meinungsvielfalt, ohne dass diese zum ausdrücklichen Ziel des Wettbewerbsgesetzes zählt.

Wie viel Macht verträgt die Vielfalt? Und wo liegen die Grenzen wirtschaftlicher Macht? Bezogen auf das Kartellrecht ist diese Frage schnell beantwortet: Grenzen zieht das Kartellrecht Unternehmen dort, wo Fusionen zu marktbeherrschenden Stellungen führen oder bestehende marktbeherrschende Stellungen verstärken, marktbeherrschende Unternehmen ihre Macht missbräuchlich ausnutzen oder Unternehmen durch Kartellabsprachen den Markt behindern.

Dieses Symposion hat als Thema die Medienfusionen, so dass ich mich hier auf den Bereich der Fusionskontrolle beschränken möchte.

Ein Unternehmen, das aus eigener Kraft in eine marktbeherrschende Stellung hineinwächst, wird hieran nicht vom Kartellrecht gehindert. Wird aber durch eine Fusion eine marktbeherrschende Stellung begründet oder verstärkt, so ist dies kartellrechtlich unzulässig. Das heißt, Unternehmen dürfen nicht durch den Ankauf von Wettbewerbern in eine Marktposition hineinwachsen, die durch den Wettbewerb nicht mehr kontrolliert wird.

Wenn ein Unternehmen durch eine Fusion in eine marktbeherrschende Stellung hineinwächst, dann muss der Staat im Nachhinein – etwa durch Missbrauchsaufsicht oder Regulierung – das Marktverhalten des Unternehmens überwachen und gegebenenfalls hoheitlich eingreifen. Fusionskontrolle ist daher Strukturkontrolle. Ihr Ziel ist es, den Wettbewerb durch eine gegenseitige Kontrolle der Unternehmen durch kompetitives Verhalten zu gewährleisten. Die nachträgliche staatliche Intervention in Form der Missbrauchsaufsicht oder Regulierung sollte die Ausnahme bleiben. Wettbewerb ist nämlich das effizienteste Mittel, um unternehmerische Macht zu kontrollieren.

Prominente Beispiele für die Anwendung der Fusionskontrolle im Medienbereich waren in letzter Zeit der geplante Zusammenschluss des Holtzbrinck-Verlages mit dem Berliner Verlag sowie die geplante Übernahme von ProSiebenSat.1 durch den Axel-Springer-Verlag.

Diese Übernahme hat das Bundeskartellamt im Januar dieses Jahres untersagt. Auch die Kommission zur Ermittlung der Konzentration im Medienbereich,

KEK, hatte die Übernahme auf der Grundlage des Rundfunkstaatsvertrages als nicht genehmigungsfähig angesehen. Angesichts des von mir schon erwähnten engen Zusammenhangs zwischen Marktmacht und Medienvielfalt verwundert dieser Entscheidungsgleichklang nicht.

Vor allem die Entscheidung zu Springer/ProSiebenSat.1 hat in Deutschland eine emotionale Debatte ausgelöst: Während sie von vielen Seiten als richtig angesehen wurden, gab es auch kritische Stimmen.

Ich möchte deshalb gerne auf ein paar nüchterne Fakten hinweisen:

Bei der Prüfung des Zusammenschlusses zwischen ProSiebenSat.1 und Springer hat das Bundeskartellamt drei Märkte abgegrenzt und untersucht. Dabei hat das Amt die Märkte nicht neu definiert, sondern seine bewährte Marktabgrenzung angewandt, die höchstrichterlich vom Bundesgerichtshof bestätigt ist.

Das Amt hat festgestellt, dass es auf drei Märkten

- dem Markt für Fernsehwerbung,

- dem Markt für Straßenverkaufszeitungen,

- dem Markt für bundesweite Anzeigen

zu einer Verstärkung der Marktbeherrschung gekommen wäre.

In einem solchen Fall ist die Genehmigung einer Fusion nach dem Kartellgesetz, d.h. nach dem Willen des Parlaments, nicht möglich.

Dem Bundeskartellamt ist vorgeworfen worden, es ermögliche mit der Entscheidung das Eindringen von Ausländern in den bestehenden Medienmarkt. Es benachteilige deutsche Unternehmen, die auf dem heimischen Markt investieren wollen. Springer wäre vor seinem medienkulturellen Hintergrund im Übrigen der bessere Partner für ProSiebenSat 1.

Um es vorsichtig auszudrücken: Mich hat die Argumentation überrascht, und zwar aus mehreren Gründen:

- ProSiebenSat.1 war ja bereits vor dem Zusammenschlussvorhaben in der Hand des „Ausländers", Haim Saban, und er hat ProSiebenSat 1 zu dem Sender gemacht, der er ist – auch inhaltlich.

- Wenn eine Fusion erst einmal vollzogen ist, ist es kartellrechtlich nicht zu verhindern, dass das so entstandene markt- und medienmächtige Unternehmen doch noch von einem Ausländer erworben wird. Denn das Kartellrecht unterscheidet nicht zwischen In- und Ausländern. Ist ein ausländisches Medienunternehmen aber auf dem deutschen Markt tätig, so gelten auch für dieses Unternehmen die gleichen Grenzen der Marktmacht wie für deutsche Unternehmen.

- Die deutschen Medienunternehmen haben sich im Zuge der Osterweiterung der Europäischen Union selbst sehr stark auf den ausländischen Märkten engagiert. Erst im letzten Monat hat Springer eine neue Tageszeitung auf dem polnischen Markt herausgebracht und ist bestrebt, dem polnischen Medienkonzern Agora Marktanteile abzujagen.

- Solche Engagements wären sicherlich nicht möglich, wenn in diesen Ländern eine protektionistische Diskussion geführt worden wäre, wie dies in Deutschland der Fall war.

- Die deutsche Wirtschaft profitiert davon, wenn ausländisches Kapital in Deutschland investiert wird. Dieses Kapital zu verschrecken, würde dem Standort Deutschland extrem schaden und sich tatsächlich zu einem „Standortrisiko" entwickeln.

Die Frage „Wie viel Macht verträgt die Vielfalt?" wirft schließlich die Frage auf, ob das geltende Pressefusionsrecht noch zeitgemäß ist. Im Kern geht es dabei um die Frage, ob im Zeichen der Globalisierung eine höhere Machtkonzentration auch von Medienunternehmen im Inland möglich sein muss, damit sie als so genannte „national champions" auf dem Weltmarkt bestehen können.

Aber sind denn deutsche Medienunternehmen nicht längst weltweit tätig? Denken Sie beispielsweise an den Bertelsmann–Konzern oder an die WAZ-Gruppe, die sich insbesondere in Osteuropa sehr erfolgreich aufgestellt hat. Auch Springer ist stark im polnischen Markt vertreten und hat angekündigt, sich vermehrt in Osteuropa zu engagieren. Belegen denn diese Beispiele nicht, dass ein Unternehmen auch dann erfolgreich auf den weltweiten Märkten bestehen kann, wenn es im Inland keine marktbeherrschende Stellung hatte?

Gleichwohl wollen große Medienunternehmen einen größeren Spielraum für Fusionen und Kooperationen auf dem deutschen Markt durchsetzen. Dies führte vor gut zwei Jahren zu Vorschlägen zur Aufweichung der so genannten Pressefusionskontrolle. Diese Reform ist letztlich im Vermittlungsausschuss gescheitert.

Für die Notwendigkeit einer Reform werden je nach aktueller Lage verschiedene Argumente vorgebracht. Damals wurden zur Begründung einer Novellierung der Pressefusionskontrolle eine strukturelle Zeitungskrise und ein dauerhafter Einbruch des Anzeigengeschäftes behauptet. Nachdem die großen Zeitungsverlage im letzten Jahr Rekordgewinne eingefahren haben und die Anzeigeneinnahmen wieder gestiegen sind, wird nun vor dem Eindringen ausländischer Investoren gewarnt und als Schutz hiervor die Bildung größerer nationaler Einheiten gesehen. Warum aber ein deutscher Medienkonzern mit überragender Marktmacht – aus Sicht der Verbraucher – seien es Leser oder Anzeigenkunden – besser sein soll als ein ausländischer Medienkonzern, ist kaum einleuchtend.

Wettbewerb und die dadurch gewährleistete Vielfalt von Medienunternehmen sind immer noch der beste Garant – nicht nur für die Kontrolle wirtschaftlicher Verhaltensspielräume, sondern auch für eine differenzierte qualitative Berichterstattung.

Man sollte daher nicht vorschnell den eigenen Ordnungsanspruch aufgeben. Der Koalitionsvertrag vom November 2005 enthält einen Prüfauftrag des Pressekartellrechts. Es wird sich zeigen, zu welchem Ergebnis die Überprüfung gelangen wird.

Aus der Sicht des Bundeskartellamts als der Recht anwendenden Behörde hat sich das seit 1976 bestehende Pressefusionsrecht bewährt. So formulierte es auch der Freistaat Bayern in seinem Antrag zur 7. GWB-Novelle. Es hieß dort auch: „Es wäre ein ordnungspolitisch falsches Signal, auf die wirtschaftlich schwierige Lage einer Branche (Schrumpfen der Lesermärkte, Abwandern des Immobilien- und Kfz-Anzeigenmarktes ins Internet, Wegbrechen des Stellenmarktes) mit einer Lockerung des Kartellrechts zu reagieren. Da wirtschaftlicher und publizistischer Wettbewerb eng verknüpft sind, kann die Presse auch nur im wirtschaftlichen Wettbewerb ihre besondere Demokratiefunktion erfüllen." Das Pressefusionsrecht ist auch nach wie vor zeitgemäß. Denn die Märkte werden in jedem Fall aus Sicht des Nachfragers neu abgegrenzt bzw. bestehende Marktabgrenzungen überprüft, so dass aktuelle Entwicklungen im Medienbereich, wie beispielsweise das Internet oder die Digitalisierung des Fernsehens, berücksichtigt werden können.

Mein Fazit zur eingangs gestellten Frage: „Wie viel Macht verträgt die Vielfalt?" lautet also:

Macht findet dort seine Grenzen, wo die Freiheit anderer beeinträchtigt wird. Dies gilt für die Medienmacht wie für die wirtschaftliche Macht. Medienvielfalt sichert langfristig eine unabhängige Berichterstattung und gehört damit zu den Garanten einer stabilen Demokratie. Daher ist es Aufgabe der KEK, die publizistische Meinungsvielfalt im Rundfunkbereich zu sichern. Das Bundeskartellamt verhindert durch die Medienfusionskontrolle komplementär eine wirtschaftliche Konzentration und sichert damit die unternehmerische Freiheit der Wettbewerber. Das Bundeskartellamt wird einer zunehmenden Machtkonzentration im Medienbereich nicht „ohnmächtig" zusehen, sondern sich auch in Zukunft aktiv für die Sicherung der Vielfalt im Medienbereich einsetzen.

DIE SICHT DER PRIVATEN RUNDFUNKUNTERNEHMEN
Jürgen Doetz

Zunächst möchte ich mich im Namen des Verbandes Privater Rundfunk und Telekommunikation (VPRT) ganz herzlich für die Einladung bedanken, zu diesem spannenden und hochaktuellen Thema zu Ihnen sprechen zu dürfen.

Sie haben in den vorangegangenen Vorträgen bereits eine präzise Bestimmung des rechtlichen Rahmens, in dem sich Medienunternehmen bewegen, erhalten. Ich möchte mich daher in meinem Vortrag auf die Sicht der privaten Rundfunkunternehmen im Markt konzentrieren und Ihnen dabei insbesondere nahe bringen, vor welchen großen Herausforderungen wir – und auch der Regulierer und Gesetzgeber – in den nächsten Monaten und Jahren stehen werden. Ich möchte mich dabei von der reinen Fusionskontrolle lösen und auch Fälle aufzeigen, die die Praxis vor neue Probleme stellen, etwa weil sich bisher sauber getrennte Bereiche wie Netz und Inhalt ineinander vermischen und bisherige Grenzen verschwimmen. Bestehende Querverbindungen auf der Gesellschafterebene sind schon heute Realität.

Ein kurzer Blick zurück, bevor ich nach vorne schaue: Mit Herrn Dr. Böge und Herrn Professor Dörr haben Sie zwei der maßgeblichen Protagonisten der Medienkonzentrationsdebatten in den letzten Monaten bereits gehört. Der VPRT hat sich am konkreten Fusionsvorhaben zwischen der ProSiebenSat.1 Media AG und Springer nicht beteiligt. Es war und ist nicht die Aufgabe des Verbandes, konkrete Fusionsvorhaben einzelner Mitglieder zu bewerten.

Wir haben uns aber sehr wohl eingebracht, wenn grundsätzliche Fragen in Rede standen. So hatte die KEK einen Fragenkatalog zur Gesamtbeurteilung der medienrelevanten verwandten Märkte in den Konzentrationsregeln des Rundfunkstaatsvertrages (§ 26 RStV) aufgestellt. Die medienrechtlichen Konzentrationsbestimmungen im RStV dienen der Sicherung der Meinungsvielfalt im Fernsehen. Um diese publizistische Vielfalt zu sichern, darf ein Unternehmen oder ihm zurechenbare Unternehmen keine vorherrschende Meinungsmacht im bundesweiten Fernsehen erlangen. Dies wird von der KEK überwacht. Parallel dazu wird durch die kartellrechtliche Fusionskontrolle (GWB) der Erhalt des Wettbewerbs der Unternehmen in wirtschaftlicher Hinsicht durch das Bundeskartellamt abgesichert. Ist ein Unternehmen nicht nur im Fernsehmarkt, sondern auch auf anderen Medienmärkten tätig, sieht der RStV die Möglichkeit einer Berücksichtigung dieser Aktivitäten im Rahmen einer „Gesamtbeurteilung" durch die KEK vor, bei der vom Gesetzgeber nicht näher ausgeführte Begriffe wie „Meinungseinfluss", „vorherrschende Meinungsmacht" oder „medienrelevante verwandte Märkte" eine Rolle spielen.

Im Verfahren der KEK stellte sich also die Frage, wann sie überhaupt eine Gesamtbeurteilung anstellen kann, in die dann ggf. die medienrelevanten verwandten Märkte einbezogen werden könnten. Die KEK hatte deutlich gemacht, dass aus ihrer Sicht das geltende Medienkonzentrationsrecht verkürzt interpretiert werde, wenn sich die Abwehr vorherrschender Meinungsmacht allein an Prozentsätzen für Zuschaueranteile orientiere. Vielmehr müssten Maßnahmen zur Sicherheit der Meinungsvielfalt auch unabhängig vom Erreichen bestimmter Zuschaueranteile im Fernsehen (30 bzw. 25 Prozent) getroffen werden können. Bei Programmveranstaltern, die die Zuschauer-Schwellenwerte nicht erreichten, komme es maßgeblich auf ihre Stellung auf medienrelevanten verwandten Märkten an.

Diesem Ansatz, eine medienrechtliche Konzentrationskontrolle (des publizistischen Wettbewerbs) auch unterhalb der 25 Prozent-Grenze vorzunehmen, konnte sich der VPRT nicht anschließen, da er aus unserer Sicht über den Wortlaut hinaus geht und auch nicht aus dem Gesetz „herausgelesen" werden kann. Anfang der 90er Jahre hatten wir noch ein Beteiligungsmodell, das eine Beschränkung auf höchstens zwei Fernseh- und zwei Hörfunkprogramme pro Veranstalter sowie jeweils nur ein Vollprogramm oder Spartenprogramm mit dem Schwerpunkt Information vorsah. Seit 1996 gilt das Marktanteilsmodell (sog. Zuschaueranteilsmodell). Danach ist maßgeblich, wie viele Zuschauer ein Unternehmen mit seinen Programmen erreicht (Höhe der Zuschaueranteilsgrenze: damals noch bei 30 Prozent). Beide Modelle stimmen jedoch darin überein, dass klar gesetzlich vorgegeben ist, ab welcher Grenze eine Konzentrationskontrolle vorgenommen werden kann.

Heute wird die Stellung eines Unternehmens auf medienrelevanten Märkten jenseits des Fernsehens erst ab einer Untergrenze von 25 Prozent Zuschaueranteil einbezogen. Wir verstehen die Vorgabe als eindeutige Aufgreifschwelle und verbindliche Untergrenze. Die KEK hat es anders gesehen. Nun werden die Gerichte entscheiden, ob die Prüfung zu Recht erfolgt ist.

Eingemischt haben wir uns auch, als im Laufe des KEK-Verfahrens für private Rundfunkunternehmen binnenpluralistische Strukturen in Form eines Programmbeirates zur Diskussion standen. Den Weg, wie es genau zu diesem Vorschlag kam, lasse ich hier bewusst offen, da es uns um die Sache an sich ging. Der Fernsehbeirat nach den Vorstellungen der KEK hätte die Programmausrichtung an das Gebot der Binnenpluralität gekoppelt, eine Zielgruppenorientierung ausgeschlossen und den Beirat den Programmverantwortlichen und dem Chefredakteur überstellt und über das Budget entscheiden lassen.

Solche binnenpluralen Modelle, wie sie diskutiert wurden, hatten wir in der Kiste der Kabelpilotprojekte zu Urzeiten des privaten Rundfunks sicher verstaut geglaubt. Ein solches Beiratsmodell hätte Auswirkungen auf den privaten Rundfunk insgesamt gehabt und sprengte nachhaltig die Dimension des Prüfverfahrens. Im Gegensatz zum öffentlich-rechtlichen Rundfunk gehörten Zuschauerakzeptanz und Wirtschaftlichkeit nun einmal zu den existenziellen Grundpfeilern der privaten Säule im dualen System. Die bestehende Sonderregulierung für den privaten Rundfunk (Lizenzauflagen, Werbung usw.) ist ohnehin hoch und korrespondiert mit einem bevorrechtigten Zugang zu den Kapazitäten, der im Zuge der technischen Konvergenz von Regulierungsbehörden (Bundesnetzagentur, aber auch Europäische Kommission) zunehmend in Frage gestellt wird.

Nun gut, das Beiratsmodell ist hoffentlich wieder in der Mottenkiste verschwunden und wir können nach vorne schauen. Gestatten Sie mir hier noch eine kurze Randbemerkung: Die Debatte um die Umstrukturierung oder Auflösung der Kontrollgremien ist aus unserer Sicht nach wie vor aktuell. Die Länder werden im kommenden Jahr zahlreiche Überlegungen zur Umstrukturierung bei den Landesmedienanstalten besprechen, wobei wir jede Form der Prozessoptimierung nachdrücklich unterstreichen (z. B. mehr Gemeinsame Stellen mit Entscheidungsbefugnissen, länderübergreifend einheitlich koordinierte Frequenzvergabe). Auch das spezielle Verhältnis zwischen KEK und KDLM wird dabei sicher noch einmal beleuchtet werden.

Die momentanen Veränderungen im Medienmarkt vergleiche ich gerne mit dem medienpolitischen „Urknall" des privaten Rundfunks Anfang und Mitte der 80er Jahre. Wir können aber davon ausgehen, dass wir sogar vor noch einschneidenderen Entwicklungen stehen. Heute wie auch 1984 gehen Entwicklungen von der Technologie aus. Das private Fernsehen wurde damals möglich, weil das Kabel als neue Übertragungstechnik hinzukam. Auch heute wird der Technologieschub der Digitalisierung und Datenkompression die Konvergenz vorantreiben und die Märkte annähern.

Neu ist, dass sich für die privaten Rundfunkanbieter neue „Player" im Anbietermarkt auftun. Bislang hatten wir im TV-Markt das klassische Verhältnis zwischen öffentlich-rechtlichen Anstalten auf der einen und den privaten auf der anderen Seite. Beide haben sich heftig gestritten, aber gesittet nebeneinander gelebt. Jetzt kommen völlig neue Anbieter von Programmen und Inhalten auf den Markt – darunter solche, die auch Netze betreiben. Die Digitalisierung wird möglicherweise im Distributionsbereich für Inhalte einen neuen Wettbewerb schüren, den wir bisher nicht haben, da die Märkte der Terrestrik, im Kabel und beim Satelliten für uns nicht austauschbar sind.

Die Werbewirtschaft verlangt von uns, dass wir jeden einzelnen Haushalt erreichen und der Zuschauer kann nicht ohne weiteres wechseln (z. B. Bindung an die Kabelversorgung durch den Mietvertrag oder baurechtliche Hindernisse beim Anbringen von Satellitenschüsseln). Auch die digitale Terrestrik in der bisherigen Form DVB-T führt nicht zu einem Wettbewerb, da in den Ballungsräumen weitgehend Zweit- und Drittgeräte verkauft werden. Die neuen Entwicklungen heißen DVB-H, DMB oder IP-TV. Hier begegnen sich Sender und Netzbetreiber in einem neuen Umfeld, in dem erhebliche Investitionen getätigt werden müssen.

Ein Schlagwort dabei ist die vertikale Integration, hier verstanden als die Vereinigung von Netz und Inhalt in einem Unternehmen. Herr Böge hat schon in früheren Verfahren, etwa beim geplanten Einstieg von Liberty in den deutschen Kabelmarkt (Untersagung) oder im Verfahren der geplanten Zusammenführung der Netzebene 3 im Kabel durch Kabel Deutschland (Antrag zurückgenommen) zu prüfen gehabt.

Die Aussage damals war klar: Bei vertikal integrierten Netzbetreibern besteht die erhöhte Gefahr der Verstärkung einer marktbeherrschenden Stellung durch verbesserten Zugriff auf Inhalte, die etwa bei verbundenen Unternehmen bestehen (Erhöhung der Einkaufsmacht etc.). Dadurch, dass die komplette Wertschöpfungskette ausgeschöpft wird, kann auch Marktbeherrschung zum Nachteil der andern Marktpartner weitergereicht werden. (Zitat aus der Liberty-Entscheidung des BKartA: „Der Zusammenschluss wird ferner zu einem im Vergleich zu anderen Netzbetreibern besseren Zugang der Zielgesellschaft zu Inhalten führen, und zwar sowohl in Bezug auf Inhalte von mit Liberty verflochtenen Unternehmen als auch von sonstigen Unternehmen. Dadurch wird sich die Position von Liberty im Wettbewerb um Gestattungsverträge verbessern, auch durch den Abschluss von exklusiven Liefervereinbarungen.")

Für Kabelnetzbetreiber ist das Thema „Programmveranstaltung" aus meiner Sicht im Wesentlichen eine Marketingmaßnahme. Denn sie können neue digitale Anschlüsse nur dann verkaufen, wenn sie dafür auch interessante, möglichst exklusive Inhalte anbieten können. Insofern ist die vertikale Integration wirtschaftlich sehr interessant. Das Medienrecht bietet hierzu bislang wenige Instrumentarien.

Praktische Bedeutung erlangt hat das Thema unlängst durch den Erwerb der hochattraktiven Fußball-Bundesligarechte durch Arena, eine Tochter des Kabelunternehmens Unity Media, die die Kabelnetze in Hessen (iesy) und Nordrhein-Westfalen (ish) betreibt. Arena hat inzwischen eine Rundfunklizenz von der LfM aus Düsseldorf erhalten und wird zur nächsten Saison starten. Die Landesmedienanstalten haben versucht, durch bestimmte Auflagen wie getrennte Buchführung o. ä. eine Querverschiebung zwischen den einzelnen Unternehmensteilen mit diskriminierender Wirkung zu verhindern. Der Betrieb der Kabelnetze soll vom Betrieb des Senders „strukturell separiert" werden. Nur zu Ihrer Information: So ohne weiteres hätte Arena nicht überall in Deutschland eine Lizenz erhalten. So sieht etwa das Sächsische Landesmediengesetz vor, dass Kabelnetzbetreibern keine Zulassung erteilt werden darf.

Die Zugangs- und Weiterverbreitungsregeln, etwa im Rundfunkstaatsvertrag oder auch im Telekommunikationsrecht (TKG) sind auf die Fälle, die Arena nun zum ersten Mal praktisch gemacht hat, noch nicht ausgelegt. Hier muss dringend gehandelt werden (zumal in der Presse schon zu lesen war, dass bestimmte Programmangebote privater Programmveranstalter, z. B. in verbesserter und kapazitätsintensiver HDTV-Qualität, aus Platzmangel in den Netzen ihren Platz wieder räumen sollen, um eine Verbreitung von Arena zu ermöglichen.) Im Sinne seiner Mitglieder setzt sich der VPRT dafür ein, die Vielfalt zu sichern, indem der diskriminierungsfreie Zugang und die Weiterverbreitung auf eine angepasste gesetzliche Grundlage gestellt werden. Eine etwaige „Nachkontrolle" durch die Überprüfung von Plattformverträgen ist insofern unzureichend und eine Benachteiligung im Einzelfall schwer nachzuweisen.

Ein weiterer Punkt, den ich in diesem Zusammenhang kurz ansprechen möchte, ist die in den letzten Wochen verstärkt bemühte Forderung der Netzbetreiber nach einem sog. Must Offer. Wir müssen leider beobachten, dass hier Äpfel mit Birnen verglichen werden. Die Forderung der Kabelnetzbetreiber nach einer Angebotspflicht für Inhalteanbieter geht völlig an den Marktrealitäten vorbei. Nach wie vor sehen sich die Inhalteanbieter einem monopolistischen Netzbetreiber gegenüber, der den Zugang zur Infrastruktur kontrolliert. Eine Angebotspflicht kollidiert mit den vertraglichen Verpflichtungen beim Rechteerwerb und stellt einen unzulässigen Versuch dar, in das originäre Geschäftsmodell der Sendeunternehmen und Mediendiensteanbieter regulatorisch einzugreifen.

Vielmehr kennen wir den Begriff aus dem amerikanischen Markt, wo er den Wettbewerb zwischen konkurrierenden Plattformen sicherstellen soll. Dabei geht es um die Frage, ob vertikal integrierte Infrastruktur-/Inhalteanbieter attraktiven Content im Wettbewerb mit anderen Infrastrukturanbietern exklusiv zum eigenen Vorteil verbreiten dürfen oder ob hierdurch ein Missbrauch von Marktmacht vorliegt und vielmehr ein Durchleitungswettbewerb erfolgen müsste. Auch hier spielt also die vertikale Integration eine große Rolle, die nicht in eine Pauschalforderung gegen Inhalteanbieter umgedeutet werden darf, die ohnehin ein maximales Interesse an der Verbreitung ihrer Programme und Angebote haben.)

Wo kann es also hingehen im Konzentrationsrecht?

Vorhin wurde die Frage nach dem Verlauf der Grenze der unternehmerischen Freiheit aufgeworfen. Diese muss – und da sind wir Rundfunkveranstalter durch bestehende Regelungen traditionell weit mehr eingeengt als alle anderen Medienbereiche – natürlich möglichst umfassend ausgeübt werden können.

Wenn die Grenzen des Wachstums durch Zukäufe auf demselben Markt tätiger Unternehmen erreicht sind, bleibt den Unternehmen insbesondere die Chance des organischen Wachstums aus sich selbst heraus. Zahlreiche private Medienunternehmen haben nicht zuletzt wegen der stetig sinkenden Werbeeinnahmen über die letzten Jahre hinweg erfolgreich versucht, ihre Refinanzierungsbasis zu verbreitern. Neben oder anstelle der Erlöse aus dem Werbezeitenverkauf treten Geschäftsfelder wie Diversifikation durch Mehrwertangebote (z. B. über das Telefon), die zudem die Zuschauer näher an den Sender und dessen Programme binden und z. T. bis zu 15 Prozent des Umsatzes ausmachen. Auch das Internet und mobile Dienste schaffen diesen Zusatznutzen, der dem einst „eindimensionalen" Fernsehen / Radio die Möglichkeit schafft, den Nutzer enger als bisher einzubinden. Neue Vertriebswege sind zur Verbreiterung der bekannten Marke sehr gut geeignet.

Das Konzentrationsrecht wird – dieser Entwicklung folgend – auch zunehmend crossmedialer werden, auch wenn schon heute die Auswirkungen auf anderen Märkten sowohl durch das BKartA als auch durch die KEK („medienrelevante verwandte Märkte") genau untersucht werden. Bisher wird geprüft, inwieweit die Tätigkeit eines Unternehmens auf einem dem Fernsehen verwandten Markt Einfluss auf seine Stellung im Fernsehmarkt hat (eindimensionale Betrachtungsweise). Insofern sind Wechselwirkungen zwischen anderen „Teilmedien" im Rahmen der publizistischen Konzentrationskontrolle nicht zu untersuchen. Das Zuschaueranteilsmodell im Fernsehen gibt vielmehr einen klaren Rahmen für die Prüfung vor.

Online-Angebote sind mit einer Interaktivität des Nutzers verbunden, die zu einer grundsätzlich unterschiedlichen Rezeption im Vergleich zum Fernsehen führt. Je mehr der Nutzer sich selbst aktiv einbringen kann, desto mehr verlässt er die im klassischen Rundfunkbereich vorgegebene Rolle des Rezipienten, der sich mit einer vorbestehenden „Meinung" konfrontiert sieht. Interaktiven Teilnahmemöglichkeiten des Zuschauers oder Nutzers eines Angebotes kommt dementsprechend nur ein deutlich verringerter Einfluss auf die Meinungsbildung zu. Umgekehrt ist es vielmehr so, dass er gerade auf diesem Wege seine eigene Meinung einbringen und damit aktiv Einfluss nehmen kann (z. B. Zuschauerumfrage). Die Möglichkeiten der Interaktion werden im Zuge der weiteren Digitalisierung (Rückkanal) deutlich ansteigen. Auch hier ist dann bei der Gesamtbetrachtung zu berücksichtigen, dass in diesen Bereichen tätige Unternehmen nicht den Meinungseinfluss im Fernsehen verstärken müssen, sondern auch zu einer Steigerung der Vielfalt beitragen können.

Letztlich muss bei crossmedialen Engagements immer auch die Praxis im Auge behalten werden. Wie Sie wissen, komme ich von Sat.1, das lange als "Verlegerfernsehen" galt. Inhaltlich haben sich dieses sicher viele gewünscht, bis hin zu Leo Kirch, aber auf dem Schirm hat es nie funktioniert. Im Übrigen auch nicht in den Blättern der beteiligten Verlage.

Ein weiterer Aspekt ist die Berücksichtigung der verbreiteten Inhalte. Bis zur Änderung des RStV auf das Zuschaueranteilsmodell sah die konzentrationsrechtliche Kontrolle im RStV das Beteiligungsmodell vor. Ein Veranstalter durfte danach höchstens zwei Hörfunk- und zwei Fernsehprogramme und jeweils nur ein Vollprogramm oder Spartenprogramm mit dem Schwerpunkt Information veranstalten (§ 21 RStV a. F.). Zusätzlich durfte an Rundfunkunternehmen mit dem Schwerpunkt Information kein Alleinbesitz bestehen. Mit der Einführung des Zuschaueranteilsmodells 1996 sollten die Bestimmungen zur Sicherung der Meinungsvielfalt optimiert werden. Damit wurden sowohl die Begrenzung der Programmzahl als auch der Bezug zum Inhalt der Programme (Information) aufgegeben.

Der Gesetzgeber hat sich also dafür entschieden, im Rahmen der Konzentrationskontrolle und bei der Frage der „vorherrschenden Meinungsmacht" auf eine Gewichtung zwischen Informations- und sonstigen Inhalten zu verzichten. Der Bedeutung der Informationsinhalte wird im RStV an anderen Stellen explizit Rechnung getragen (z. B. bei der Einräumung von Sendezeit an unabhängige Dritte nach § 26 Abs. 5 RStV oder bei der Werbung nach § 7 Abs. 7 RStV). Dennoch können aus unserer Sicht qualitative Kriterien der verbreiteten Inhalte, die im Rahmen des Zuschaueranteilsmodells derzeit unberücksichtigt bleiben, eine Rolle bei der Ermittlung des Meinungseinflusses spielen. Der reine Zuschaueranteil sagt für sich genommen noch nichts über den Meinungseinfluss aus. So wäre es etwa konzentrationsmindernd zu berücksichtigen, wenn weniger informationsdominierte Inhalte verbreitet werden.

Insgesamt sollte das Medienrecht entkernt und daraufhin überprüft werden, welcher allgemeinen Regeln es heute noch bedarf. Vielfalt – und dafür steht der private Rundfunk in besonderem Maße – kann nur da erhalten bleiben, wo faire Regeln gelten und der Rechtsrahmen übersichtlich und die Investitionssicherheit gewährleistet ist. Der Konsument wird in Zukunft mehr für die Nutzung von Inhalten über unterschiedliche Netze zahlen müssen. Dafür wird er aber auch ein breiteres Angebot erhalten. Die Voraussetzungen für neue individualisierte Medienangebote – einschließlich Verschlüsselungssystemen für Pay-TV oder Video-on-Demand – sind technisch kein Problem und bereits auf dem Markt. Ich persönlich bin davon überzeugt, dass die Medienkonsumenten viele Neuerungen, die es durch die Digitalisierung geben wird, auch annehmen werden.

Zum Abschluss möchte ich – wie sie es vermutlich erwartet haben – einen Blick auf die Balance im Dualen System werfen, die für die Vielfalt eine zentrale Rolle spielt. Bei der Ermittlung vorherrschender Meinungsmacht muss man schon heute sehen, dass bereits die öffentlich-rechtlichen Programme einen bundesweiten Zuschaueranteil von ca. 43 Prozent erreichen (2004). Eine vorherrschende Meinungsmacht bei privaten Veranstaltern kann somit nur in diesem Gesamtkontext geprüft werden. Im Wettbewerb mit über 20 TV- und über 60 Hörfunkprogrammen kann nur ein stabiler Rahmen die private Säule stützen.

Wie Sie sicher wissen, führen wir aus diesem Grund seit nunmehr drei Jahren ein Verfahren bei der Europäischen Kommission in Brüssel, um national Klarheit über den Funktionsauftrag bei ARD und ZDF zu erreichen und Quersubventionierung zwischen gebührenfinanzierten und kommerziellen Aktivitäten auszuschließen. Teure Sportrechte wie etwa die Bundesliga-Free-TV-Rechte sind seit Jahren schon nicht mehr aus dem Werbemarkt heraus zu refinanzieren.

Die Europäische Kommission und zunehmend auch die nationale (öffentliche) Diskussion beschäftigt die Frage, was ARD und ZDF abdecken sollen. Und gerade bei neuen Rundfunkübertragungstechniken wie DVB-H und DMB, bei denen auch wieder knappe Kapazitäten herrschen, muss private Vielfalt hart erkämpft werden, wenn gleichzeitig öffentlich-rechtliche, gebührenfinanzierte Programme alle Kanäle verstopfen. Ich will diesen Punkt hier nicht vertiefen, sondern mit meinen Ausführungen lediglich die „Macht", die der Titel dieser Veranstaltung trägt, in ein Gesamtbild, das eben auch den öffentlich-rechtlichen Teil mit abdeckt, setzen.

Meine sehr verehrten Damen und Herren, ich konnte hier lediglich ein paar der aus unserer Sicht wesentlichen Punkte anreißen. Aus Sicht der privaten Unternehmen können wir an das BKartA und an die KEK nur appellieren, stets die sich verändernden Umstände im digitalen Zukunftsmarkt im Auge zu behalten. Deutsche Unternehmen, egal ob groß oder klein, müssen wettbewerbsfähig sein. Hier sollten wir nicht zurückblicken und monatelang diskutieren, ob es eine Gefahr für die Meinungsvielfalt wäre, wenn eine Zeitung über bestimmte TV-Stars berichtet, die ohnehin in aller Munde sind. Wir sollten vielmehr die Realität im Auge behalten.

Viel wichtiger ist, wie sich der Wettbewerb für Fernsehsender künftig im gesamten Mobile- und Internet-Bereich ausgestalten wird und wie Medienhäuser sich hier künftig positionieren können. Die oft diskutierte Beteiligungsgrenze für ausländische Investoren (< 50 Prozent) bei deutschen Medienunternehmen, wie dies für deutsche Unternehmen in den meisten anderen Ländern gilt, stärkt keineswegs automatisch die Wettbewerbsfähigkeit deutscher Unternehmen. Wir sind offen für ausländische Investoren, aber auch national muss Wachstum möglich bleiben.

DISKUSSION

Schwartmann: Meine Damen und Herren, ich freue mich, dass wir jetzt in die Debatte einsteigen können. Es nehmen – wie eingangs erwähnt – neben den Vortragenden Herr Reinhold Albert, derzeit als Vorsitzender der KDLM ein weiterer Protagonist der Medienaufsicht, Herr Hans-Jürgen Jakobs von der Süddeutschen Zeitung sowie Herr Klaus Paetow vom Bundeskartellamt teil. Herr Paetow wird sich als mit der hier thematisierten Entscheidung befasster Vorsitzender der zuständigen Beschlussabteilung seines Hauses der Diskussion für Herrn Böge stellen. Ich freue mich, dass wir Gelegenheit haben, den wohl bedeutendsten Fall des deutschen Medienkonzentrationsrechts der jüngeren Vergangenheit in diesem Kreis zu diskutieren. Bevor wir das Podium öffnen, würde ich gerne einige Fragen stellen. Zunächst eine solche an Herrn Jakobs als Medienpraktiker: Bislang haben wir die rein rechtliche Seite der Grenzen von Medienmacht erörtert. Wenn die Kontrollgremien die Fusion hätten passieren lassen, dann wäre ein Meinungsgigant von einem in Deutschland nicht bekannten Ausmaß entstanden. Meine Frage betrifft den Bereich jenseits der rechtlichen Grenzen. Welche Gefahren crossmedialer Meinungskonzentration sehen Sie hier - etwa moralischer oder medienethischer Art? Gibt es eine moralische Instanz oder ein Wertebild, das einen so entstandenen Giganten domestiziert, oder ist dieser, wenn er einmal von der Leine gelassen ist, unbeherrschbar?

Jakobs: In einem solchen Fall wäre man auf die Unternehmensverfassung angewiesen, d.h. die Grundsätze, die sich ein Unternehmen - in diesem Fall Springer - selbst gibt. Es gibt ja bestimmt Essentials, die bekannt sind und dann auch beachtet worden wären. Das Entscheidende aber ist meiner Meinung nach die Ausstrahlung eines solchen Giganten. Wenn er Größe ausstrahlt, zwingt er andere Marktteilnehmer zu einem bestimmten Verhalten. Man sieht das auch bei den Politikern. Ich habe mich gewundert, dass es in diesem Land so ruhig geblieben ist, als die Fusion beantragt war und darüber diskutiert wurde. Denn bei der Dimension der beantragten Fusion hätte man in der Diskussion eine größere Heftigkeit auch von politischer Seite erwartet. Die Politiker sind darauf angewiesen, dass sie in den Medien gut rüberkommen, sie wollen wiedergewählt werden, sie wollen ein positives Erscheinungsbild haben. Wenn viele Medien in Wort, Text und Bild zusammenkommen, ist man natürlich sehr vorsichtig, ob man sich mit einem solchen Giganten anlegt. Das gilt im Übrigen auch für Journalisten. Wenn wir einen Medienmarkt haben, in dem es nur wenige Medienkonglomerate gibt, wird man sich überlegen, ob man Kritik äußert, denn es könnte sich ja um einen potenziellen Arbeitgeber handeln. Die Folge einer solchen Entwicklung ist, dass sich ein Unternehmen tendenziell gegen Kritik immunisiert. Und dies ist aus meiner Sicht keine positive Entwicklung für die Gesellschaft.

Schwartmann: Meine nächste Frage richtet sich an die Herren Albert, Paetow, Doetz und Dörr gleichermaßen. „Ist das deutsche Medienkartellrecht ein Scherbenhaufen?" habe ich jüngst in einer Fachzeitschrift gelesen. Herr Albert, stimmt die Einschätzung, insbesondere auch unter Einbeziehung des Medienkonzentrationsrechts oder hat das geltende Recht nur Risse, ist es in die Jahre gekommen, spielt es den oft zitierten Heuschrecken in die Hände, oder ist es am Ende aufgrund seiner rechtlichen Ausgewogenheit doch das Mittel der Wahl?

Albert: Die Frage, die Sie zum deutschen Medienkartellrecht gestellt haben, ist eindeutig mit nein zu beantworten. Dieses Verfahren, über das wir heute diskutieren, gibt allerdings Anlass, das eine oder andere zu hinterfragen. Bevor ich das näher ausführe, möchte ich noch eine Bemerkung machen: Ich habe Herrn Dörr noch nie so engagiert erlebt wie heute. Was das Verhältnis der KDLM zur KEK anbelangt, will ich mit den Gemeinsamkeiten beginnen. Diese sind, wie ich glaube, größer als die Unterschiede. In diesem Verfahren hat eigentlich nie zur Debatte gestanden, dass die KDLM die Entscheidung der KEK ersatzlos auffängt. Es war in der Diskussion, mit welchen Modifikationen, Auflagen oder vielfaltsichernden Maßnahmen eine Fusion trotzdem möglich ist. Dies stand immer im Vordergrund. Die Ausgangslage, die Herr Dörr dargelegt hat und die die Kommission zu beurteilen hatte, war sehr schwierig, und sie wäre auch für uns eine sehr schwierige gewesen. Die verfassungsrechtlichen Vorgaben, die Herr Dörr ebenfalls dargelegt hat, sind auch völlig unwidersprochen. Wir brauchen ein vielfaltsicherndes Recht, wir benötigen ein Medienkonzentrationsrecht neben dem Kartellrecht. Zu einzelnen Punkten des Rundfunkstaatsvertrages und seiner Anwendung werden wir wohl im Laufe der Diskussion kommen. Lassen Sie mich aber noch eines sagen, was das Thema Vergangenheit anbelangt: Zunächst will ich die Fakten einmal darstellen: Gerade nach der Entscheidung der KEK bzw. nach Bekanntgabe der wesentlichen Entscheidungsfindung der KEK durch eine sehr ausführliche Pressemitteilung war das Berechnungsmodell – zu diesem Begriff kommen wir später noch einmal – schon in der Öffentlichkeit dargelegt worden. Die Aussage lautete sinngemäß so, dass nach dem ersten Meinungsbild nicht zu erwarten ist, dass diese Entscheidung – so wie sie getroffen wurde – Bestand haben wird. Es war also eine Bewertung, die anhand eines Meinungsbildes nach der Diskussion in der KDLM entstanden ist. Ich glaube, wir sollten darauf achten, dass der Pulverdampf, der hier vorhanden ist, sich allmählich verzieht, dass auch die eine oder andere Narbe verheilt und dass man dann das Medienkonzentrationsrecht anlässlich dieses Verfahrens emotionsfrei und sachlich auf den Prüfstand stellt.

Schwartmann: Vielen Dank für die Einschätzung des Vorsitzenden der KDLM. Herr Paetow, wie stehen Sie, gerade vor dem Hintergrund crossmedialer Zusammenschlüsse, zu einer Reform im Medienrecht. Muss der Gesetzgeber etwa die engen Marktabgrenzungen in diesem Bereich überdenken?

Paetow: Ich denke, es kann nicht Aufgabe des Gesetzgebers sein, Märkte abzugrenzen oder Marktabgrenzungen für die anderen Behörden vorzuschreiben. Den Versuch hatte es 1976 bei Einführung des Pressefusionskontrollrechts schon einmal gegeben. Damals hatte der Gesetzgeber ziemlich eindeutig gesagt, dass es, genau wie in allen anderen Bereichen, nicht systemgerecht sei, da sich Märkte verändern. Das bewährte Konzept des Bedarfsmarkts ist ein geeignetes Instrument, Veränderungen aufzugreifen und auch zu verarbeiten. Insoweit kann man nicht Märkte im Gesetz abgrenzen. Zu dem Stichwort crossmedial: Wir haben in der Vergangenheit oft bemängelt, dass Erbsen gezählt werden, d.h. es gibt Marktanteile, es werden Märkte abgegrenzt und Marktanteile addiert, aber mehr wird nicht gemacht. Das haben wir nie gemacht, so auch hier nicht. Wir schauen immer auch auf marktübergreifende Portfolioeffekte. All dieses ist regelmäßig Gegenstand der Prüfung im Rahmen der Fusionskontrolle. Das haben wir hier auch gemacht. Es führte zum ersten Mal mit einem gewissen Erstaunen auf Seiten der Beteiligten zu einem Ergebnis, von dem wir sagen, dass es als Verstärkung bei der hochgradigen Marktbeherrschung ausreicht. Aber an sich war eine solche Prüfung und auch die angewendeten Kriterien absolut nichts Neues.

Schwartmann: Herr Doetz, Sie haben die Mottenkiste erwähnt. Gehört das Medienkonzentrationsrecht dort hinein?

Doetz: Mit der Mottenkiste hatte ich den Beirat angesprochen, und ich bleibe auch dabei, dass dieser in die Mottenkiste gehört. Aber deswegen gehört das Medienkonzentrationsrecht nicht dazu. Ich glaube eher, dass wir mit dem abgeschlossenen Springer-Fall nicht am Ende der Diskussion stehen, sondern am Anfang. Ich glaube auch, Herr Paetow, dass Sie für das Bundskartellamt den Versuch gemacht bzw. Untersuchungen durchgeführt haben, um zu klären, wie diese Abgrenzungen, diese Berechnungen, diese Verwertungen gemacht werden könnten. Das betrifft dann die verwandten Märkte, crossmedial usw. Keiner hat das Patentrezept, wie es gemacht wird. Herr Dörr, Sie haben es selbst angesprochen. Natürlich kann man hinterfragen, ob die 47 Prozent, bei denen man mit diesen Verrechnungsmodellen bei Axel Springer landete, die einzige Lösung darstellen. Ich glaube, die große Frage ist, ob das, was wir derzeit haben, ausreicht. Denn wir haben es hier nicht mit verwandten oder nachgeordneten Märkten zu tun, sondern mit neuen Märkten. Hier müssen die richtigen Regularien gefunden werden. Die richtige Abstimmung zu finden, ist sehr schwierig. Deswegen sollte man nicht verschweigen, sondern klar bekennen, dass es diese Regeln geben muss. Die Frage ist jedoch richtig, ob dies derartig fernsehorientierte Regeln sein müssen, wie es derzeit weitestgehend der Fall ist. Die Notwendigkeit, dies entsprechend auf den Fernsehanbieter umzurechnen, kann nicht der letzte Schluss sein, den man aus dieser Analyse zieht. Die Mottenkiste ist für einzelne Bestimmungen zu akzeptieren. Die Diskussion wird jetzt noch mal intensiv geführt werden müssen. Ich glaube, dazu sind alle Beteiligten bereit.

Schwartmann: „Nur der Meister kann die Form zerbrechen!" Mich interessiert natürlich auch die Aussage von Herrn Dörr, denn er prägt das Medienkonzentrationsrecht. Haben wir es hier mit einem Scherbenhaufen zu tun?

Dörr: Ich stimme ganz mit meinen Vorrednern überein, dass sich das Medienvielfaltsicherungsrecht im Grundsatz bewährt hat. Das stellt hier auch niemand in Frage. Ich stimme auch mit Herrn Albert vom Ausgangspunkt her völlig überein, dass es aus verfassungsrechtlichen Gründen ein Vielfaltsicherungsrecht geben muss. Mir ging es bei meiner Kritik nicht darum, darüber zu spekulieren, wie die KDLM entschieden hätte, das steht mir gar nicht zu. Sie darf mit Dreiviertel-Mehrheit immer so entscheiden, wie sie es für richtig hält. Ich habe meine Kritik darauf gerichtet, dass ich es vom Verfahren falsch halte, zwei Instanzen mit der gleichen Frage zu betrauen. Das verzögert das Verfahren, führt zu Abgrenzungsschwierigkeiten und bringt andere Interessen in die Diskussion ein. Ich sehe das deutlich anders als Herr Albert. Meine Kritik entzündete sich in erster Linie daran, dass Direktoren und Präsidenten massiv Einfluss auf ein laufendes Verfahren bei der KEK zu nehmen versuchten. Man muss nur die Presse nachlesen, das kann man nicht ernsthaft bestreiten. Dies ist ein Vorgang, der rechtlich nicht in Ordnung war. Dazu stehe ich und auch genauso dazu, dass sowohl die KEK als auch die KDLM daraus Lehren ziehen müssen. Im Interesse der Unternehmen muss es dort eine Entscheidungsinstanz geben, die in erster Linie sachverständig zusammengesetzt ist. Ansonsten ist es Sache der Länder, wie sie das am besten gestalten. Das Zweite ist die Frage, ob man das materielle Recht ändern muss. Beim materiellen Recht kann man, wenn es Unklarheiten geben sollte, klarstellen, dass die 25 Prozent kein Aufgreifkriterium sind. Aus meiner Sicht ergibt sich das eindeutig aus dem Gesetzestext. Herr Doetz, ich kenne natürlich die andere Auffassung. Dies können Sie in meiner schriftlichen Fassung des Vortrages auch nachlesen, aber für mich ist das Ergebnis eindeutig: Vermutungsregeln bleiben Vermutungsregeln. Übrigens ist dies seit einer anderen Tagung in Köln unstreitig. Unser zivilrechtlicher Kollege Hanns Prütting hat mit Medieninteressen und vertieftem Medienrecht gar nichts zu tun. Seine Spezialität sind Vermutungsregeln, die aus dem Zivilrecht und dem Zivilprozessrecht kommen. Er hat es grundlegend ausgeführt: Vermutungsregeln sind Vermutungsregeln, und es ist ganz einfach damit umzugehen. Die Genesis ist eine andere, aber Sie wissen, dass die historische Auslegung die schwächste Auslegungsmethode ist. Wenn man Ländervertreter fragt, gab es dort wohl auch einen Dissens. Es gab viele Länder, die gerne eine Regelung gehabt hätten, wie Sie sie anstreben, nämlich ein Aufgreifkriterium. Aber es gab auch andere Länder, die es anders gesehen haben. Nun sind ja auch im Publikum Vertreter, die die Entstehungsgeschichte kennen, einen sehe ich jedenfalls, und man wird bestätigen müssen, dass es unterschiedliche Sichtweisen gab. Nochmals zusammengefasst meine ich nicht, dass man so viel ändern muss. Interessant, und da stimme ich auch mit Ihnen überein, ist der Punkt neuer Mitspieler. Das sind andere Fragen als Meinungsverstärkung durch Presse oder andere meinungsrelevante Faktoren. Es sind vor- und nachgelagerte Märkte, es ist das

Bestreben von Netzbetreibern, auch Fernsehveranstalter zu werden, die uns vor ganz neue Fragen stellen. Es betrifft nicht die KEK, sondern vor allem auch die Landesmedienanstalten, wie sie den diskriminierungsfreien Zugang medienrechtlich sichern. Ich stimme ganz mit Ihnen überein, dass man den sichern muss. Ein letzter Punkt, da bin ich auch bei Ihnen, Herr Doetz, auch wenn es Sie überrascht: Man sollte einen Programmbeirat mit Entscheidungskompetenzen bei Privaten nicht vorsehen. Wenn man allerdings fragt, wie man ein Vorhaben genehmigungsfähig machen kann, muss man alle Möglichkeiten diskutieren. Wenn das betreffende Unternehmen den an sich nahe liegenden Weg, jedenfalls gegenüber der KEK, nicht gehen will, auf ein Unternehmen zu verzichten und fragt, ob es andere Möglichkeiten gibt und einen Programmbeirat selbst ins Spiel bringt, dann wird man darüber diskutieren dürfen. Dies aber wohlgemerkt mit dem Zusatz, und das hat die KEK in einer Presseerklärung damals auch gesagt, ein Unternehmen wird sich überlegen müssen, ob es einen solchen Weg überhaupt unter den Gesetzen des Marktes gehen kann. Meines Erachtens ist das kaum vorstellbar. Binnenplurale Modelle sind öffentlich-rechtliche Modelle, deshalb haben wir ein öffentlich-rechtliches Fernsehen. Ich würde bei den Privaten keine binnenplurale Lösung wählen. Aber dennoch gibt es diese Diskussion. Sie sagen, die Entstehung dieser Debatte ist vielleicht in der Erinnerung von Herrn Döpfner und mir unterschiedlich, jeder wird seine Gründe oder seine Wahrnehmung haben. Ich räume sogar ein, dass die KEK diese Diskussion nicht immer geschickt geführt hat, aber das ist auch der einzige Vorwurf, den ich mir als KEK-Vorsitzendem mache. Ich würde diese Diskussion heute nie mehr führen. Ich würde sagen, überlegt euch selbst, was ihr macht, von uns erhaltet ihr überhaupt keine Handreichung dafür. Das ist nämlich das Ergebnis dieser Diskussion. Ich fühlte mich hinters Licht geführt, um dies einmal ganz deutlich zu sagen. In eine Diskussion geführt zu werden, die das Unternehmen ohne Ernsthaftigkeit betrieben hat, um die KEK nachher ein Stück weit vorzuführen zu können, das ist meine Wahrnehmung der Sache. Die Wahrnehmung von Herrn Döpfner ist, das hat er ja auch ganz deutlich gesagt, wir würden Modelle sozialistischer Planwirtschaft anstreben, gegen die die DDR noch ein Zustand marktwirtschaftlicher Freiheit wäre. Eine letzte Bemerkung dazu: Ein Unternehmen darf seine Interessen mit Vehemenz vertreten, damit habe ich kein Problem. Deshalb würde ich auch nie kritisieren, dass ein Unternehmen alle Interessen einbringt und alle Anträge stellt, die es stellen kann. Das ist sein gutes Recht. Meine Kritik bezieht sich auf etwas anderes. Sie ist vor allem darauf bezogen, dass man nicht versuchen darf, ein Organ in einem laufenden Verfahren unter Druck zu setzen. Wenn das sogar von Seiten der KDLM mit dem eigenen Organ passiert, muss man daraus verfahrensrechtliche Konsequenzen ziehen. Dann muss das Verfahren eben stärker bei der KEK verankert werden, dann muss man über die KDLM nachdenken. Das wäre meine Lösung, und es werden ja auch solche Diskussionen geführt. Ein Medienreferent hat in Leipzig einen ganz ähnlichen Vorschlag gemacht. Wie dann ein solches Gremium zusammengesetzt wird, das ist nicht mein zentrales Problem, das ist Sache der Länder. Aber es darf nicht zwei konkurrierende geben, die sich im Verfahren auch noch stören.

Schwartmann: Vielen Dank, lieber Herr Dörr, für diese eingehende und offene Analyse der aktuellen Streitpunkte des Medienkonzentrationsrechts. Ich würde gerne noch einmal auf die Genese des Beiratsmodells zurückkommen, denn das hat die Emotionen hochkochen lassen. Herrn Dörrs Aussage haben wir aus erster Hand. Herr Döpfner ist nicht hier. Vielleicht wissen Sie – lieber Herr Doetz - Näheres. Sie sind ja als Präsident des VPRT mit diesem Vorgang vertraut und haben angedeutet, die Genese aus unternehmerischer Sicht zu kennen.

Doetz: Ich treffe die folgende Aussage nicht als Sprecher von Herrn Döpfner. Es gibt heute verschiedene Programmbeiräte bei privaten Fernsehanbietern, die mit dem Beiratsmodell, das diskutiert und kritisiert wurde, wenig gemein haben. Aber wenn vorgeschlagen wird, entweder einen solchen Beirat zu schaffen oder ProSieben zu verkaufen, dann hat man die Wahl zwischen Pest und Cholera. Wenn man ProSieben verkaufen würde, dann würde das Modell ProSiebenSat.1 genauso in Frage gestellt wie die Existenz eines derartigen Beirats. Dies würde dann die Frage mit sich bringen, ob die KEK praktisch schon auf die Untersagung festgelegt ist oder ob hier Konstruktionen vorgeschlagen werden, die beide nicht zur Lebensfähigkeit des Unternehmens beitragen. Ich bin der Auffassung, dass die KEK auch hätte zustimmen können. Sie sagen immer wieder, es gäbe nur eine Interpretation. Mir ging es während der Diskussion immer wie folgt: Ich frage zwei Rechtsanwälte, und beide erklären mir mit besten Argumenten, 25 Prozent seien richtig und 25 Prozent hätten eigentlich nichts zu sagen. Ich bin der Meinung, dass es vielleicht ganz gut wäre, wenn einmal eine gerichtliche Klärung stattfände oder eine Klärung durch den Gesetzgeber geschaffen würde. Wir müssen für solche Fälle vielleicht einen Schiedsrichter finden.

Jakobs: Sie haben ja gerade etwas zur historischen Wahrheit gesagt. Ich glaube, dass es aus standortpolitischen Gründen von verschiedenen Seiten Bestrebungen gegeben hat, diese Fusion durchzubringen. Teile der sozialdemokratischen Medienpolitik, auch die aufsichtführende Medienanstalt in München und möglicherweise auch ein Mitglied der KEK haben sich damit angefreundet, in Gesprächen mit Springer und deren Anwaltskanzlei eine Kompromisslösung zu finden, die dann die anderen vier KEK-Mitglieder noch hätten bestätigen müssen. Offenbar aber war von Springer, und das kann man aus aktionärsrechtlicher Sicht verstehen, ein Beirat gemeint wie der Programmbeirat von RTL, von dem man zu Recht noch nie gehört hat.

Paetow: Vielleicht dazu noch eine Anmerkung: Uns wurde ja im laufenden Verfahren von den Beteiligten einiges geboten, um einen Zusammenschluss doch noch durchzusetzen. Nebenbei bemerkt, das Angebot der Veräußerung eines Senders, das man gegenüber der KEK eindeutig abgelehnt hat, kam bei uns letztlich nicht in Frage. Es lag bei uns eine Woche auf dem Tisch, wurde aber dann wieder zurückgezogen. Natürlich hat man uns auch angeboten, bestimmte Beiräte für die gesamte Senderfamilie zu konstruieren. Dann haben wir um einen Vorschlag gebeten, wie das Ganze aussehen soll. Aber auch diesen haben wir abgelehnt, denn es war genau der gleiche Vorschlag, der uns am Anfang vorgelegt worden war. Was ich an dieser Stelle aber auch einmal betonen möchte, ist die Tatsache, dass der Informationsaustausch und die Zusammenarbeit zwischen der Beschlussabteilung und der KEK in diesem Verfahren optimal gelaufen sind. Dies hat auf sehr kurzem Wege stattgefunden, was aber auch erforderlich war, um zu wissen, wie der jeweilige Stand des Verfahrens ist.

Schwartmann: Vielen Dank, meine Herren, für Ihre Einschätzungen. Ich möchte im Rahmen einer weiteren Podiumsrunde mit Herrn Jakobs fortfahren und an den Meinungsgiganten anknüpfen, der ja entstanden wäre. Sie gehören einem liberalen Blatt mit hoher Geltung an, in dem Meinungsvielfalt herrscht. Was wäre, wenn ein solches Haus nach einer Fusion in eine bestimmte Richtung gedrängt würde? Können Sie sich in der Wirklichkeit eines so beschriebenen Unternehmens noch gelebte Vielfalt vorstellen, und kann der Rezipient in der Mediengesellschaft sich dem Einfluss eines solchen Giganten der „Meinungsindustrie" noch entziehen?

Jakobs: Der Schluss der unternehmerischen Vision ist ja der Wettbewerb im eigenen Monopol. Die Frage dabei ist, wie man Win Journalismus organisiert und absichert. Nach dem Krieg haben die Lizenzgeber die Lizenzen an so genannte Anbietergemeinschaften gegeben, beispielsweise auch an den Süddeutschen Verlag. Es gab zunächst vier Gesellschaftergruppen, was gesellschaftspolitisch austariert war. Die verschiedenen Teile des Spektrums waren vertreten. Das hat schon immer eine große Rolle gespielt. In der Süddeutschen Zeitung gibt es ein Redaktionsstatut, das einen Redaktionsausschuss vorsieht, der darauf achtet, dass es eine Vielzahl von Meinungen gibt und dass innerhalb der Zeitung keine totalitären Tendenzen zu erkennen sind. So etwas kann man aber höchstens organisieren, nicht jedoch vorschreiben. Der Tendenzschutz ist die Freiheit eines jeden Presseunternehmers, man kann es lediglich empfehlen. Ein gutes Beispiel ist das berühmte WAZ-Modell in Nordrhein-Westfalen, wo es auch quasi ein Monopol gibt. Der WAZ-Konzern hat vier große Zeitungen in Nordrhein-Westfalen, bei denen die verlagswirtschaftlichen Funktionen zusammengefasst sind. Der Verlag legt aber immer Wert auf die Feststellung, dass jede Redaktion unabhängig ist. In der Tat gibt es da auch verschiedene politische Ausrichtungen. Die Frage, wie man diese Unabhängigkeit absichern kann, kommt bei jedem Zusammenschluss wieder neu auf. Man könnte z.B. eine Stiftung errichten, die über die redaktionelle Unabhängigkeit wacht und Redaktionsausschussstatuten formt. Letztlich geschieht dies aber auf freiwilliger Basis. Durch die Änderung von Moden, Tendenzen und Eigentümerschaften muss man sich aber auch die Frage stellen, ob es Sanktionen gibt, die einen solchen Prozess wieder rückgängig machen. Das gibt es wahrscheinlich nicht, und das ist dann auch die Gefahr.

Schwartmann: Vielen Dank, Herr Jakobs. Sie sprechen hier auch aus meiner Sicht ein wichtiges, aber rechtlich schwer zu greifendes Problem an. Herr Albert, noch eine Frage an Sie als Vorsitzenden der KDLM. Herr Dörr sähe diese verwaltungsinterne Kontrollinstanz am liebsten aufgelöst. Kommt der neunte Rundfunkänderungsstaatsvertrag ohne Sie aus?

Albert: Das müssen Sie die Länder fragen, die ja mittlerweile so ein Tempo in der Änderung des Rundfunkstaatsvertrages entwickeln, dass man nicht prognostizieren kann, was als nächstes wieder geändert wird. Nein, ich glaube, dass man zumindest darüber diskutieren kann, ob die Zweistufigkeit dieses Verfahrens ein zukunftsfähiges Modell ist. Im Kartellrecht ist der zuständige Minister an bestimmte Voraussetzungen wie beispielsweise eigene Prüfungskriterien bzw. gesetzliche Vorgaben gebunden, wie die Ministererlaubnis erteilt werden kann. Im Rundfunkstaatsvertrag prüft die KDLM nach denselben Maßstäben wie die KEK, und daraus resultiert die Frage, ob ein solches zweistufiges Verfahren sachgemäß ist. Allerdings würde ich es unter diesem Gesichtpunkt diskutieren und nicht unter dem, was Sie – Herr Dörr – in Ihrem Vortrag gesagt haben, über Befangenheit und unter Standortinteressen. Was die Standortinteressen angeht, ist bei der KDLM eine Dreiviertel-Mehrheit notwendig. Ich glaube, bei dieser hohen Hürde kann man die Standortinteressen eigentlich nicht mehr durchsetzen, weil diejenigen, die keine Standortinteressen haben, auf jeden Fall die Mehrheit bilden.

Schwartmann: Vielen Dank, Herr Albert, also kein wesentlicher Reformbedarf aus Ihrer Sicht. Herr Paetow, eine weitere Frage an den Vorsitzenden der zuständigen Beschlussabteilung des Bundeskartellamts. In den letzten Jahren sind Fusionsvorhaben im Medienbereich am Bundeskartellamt gescheitert. Das verunsichert die Wirtschaft. Herr Doetz fordert daher eine Entkernung des Medienrechts, und von den Entscheidungsträgern beim Bundeskartellamt verlangt er, dass sie diese veränderten Umstände im Blick haben. Was tun Sie auf Basis des geltenden Rechts, um Ihre Entscheidung für Unternehmen berechenbar zu machen?

Paetow: Ich hatte bisher immer den Eindruck, dass wir mit unseren Entscheidungen ziemlich berechenbar waren, nur das Rechenergebnis gefiel vielleicht vielen nicht. Man hat dann versucht, ein anderes Ergebnis zu erzielen. Eigentlich gibt es in dem Bereich eine relativ lange, gesicherte Verwaltungspraxis. Ich will das jetzt hier nicht alles wiederholen, aber wir sehen uns da auf recht sicherem Boden. Es gibt ebenfalls die Möglichkeit, von der auch vielfach Gebrauch gemacht wird, schon vor einer offiziellen Anmeldung zu uns zu kommen und informell eine Tendenzmeldung zu erfragen. Darüber wird mit Unternehmen oft wochen- und monatelang diskutiert, und das läuft alles auf vertraulicher Basis. Wir ermitteln nicht; wir können danach natürlich auch keine Entscheidung treffen, sondern wir können nur auf der Grundlage der vorliegenden Daten und aufgrund unserer allgemeinen Marktkenntnisse eine vorläufige Einschätzung abgeben. Was die Unternehmen daraus machen, ob sie sich damit zufrieden geben, ob sie nach Alternativen suchen oder ob sie ein öffentliches Verfahren mit Ermittlungen führen, das liegt in der Hand der Beteiligten, das ist nicht unsere Sache. Ich will auch nicht verhehlen, dass wir manchmal sagen, dass es eine zweifelhafte Sache ist und wir es nicht genau einschätzen können, da wir zunächst bestimmte Unternehmen anderer Nachfrager oder Wettbewerber befragen müssen. Das können wir in diesem Stadium des Verfahrens nicht, dann geht man eben so auseinander. Aber die Unternehmen haben grundsätzlich die Möglichkeit, durch solche informellen Vorverfahren und Vorgespräche schon eine weitgehende Vorklärung zu bekommen. Ich sehe da eigentlich keine Verunsicherung auf Seiten der Unternehmen.

Schwartmann: Vielen Dank, Herr Paetow, auch für diese Hinweise zur Praxis vor der eigentlichen Antragstellung. Herr Doetz, Sie sind privater Rundfunkunternehmer der ersten Stunde. Stellen wir uns vor, die Herren Paetow und Dörr hätten den Zusammenschluss von Springer und ProSiebenSat.1 passieren lassen. Sagen Sie bitte noch einen Satz zu der Entkernung des Medienrechts, von der Sie gesprochen haben. Wäre die Freigabe der Fusion Ausdruck einer solchen Entkernung gewesen, der Ihren Vorstellungen entsprochen hätte, oder hätten selbst Sie bezüglich der Vielfaltsfrage nicht Angst vor der eigenen Courage bekommen?

Doetz: Angst vor der Courage darf man nicht haben, wenn man zu den Privaten geht. Aber das hat beides nichts miteinander zu tun. Diese Entkernung ist eine Grundsatzforderung für überregulierte Märkte. Die Frage betrifft die Gewichtung künftiger crossmedialer Zusammenhänge, d.h. dieser Kern Fernsehen wird in Frage gestellt und die anderen Märkte werden daneben gestellt. Herr Paetow, ich habe mich schon manchmal gefragt, wie Ihre Analysten zu dem einen oder anderen Urteil kommen. Die RTL-Familie und die ProSiebenSat.1-Familie werden oft als Duopol bezeichnet. Eigentlich weiß niemand, wie es dazu gekommen ist. Keiner wollte dieses angebliche Duopol mit den Werberegelungen und den Zeitungsmärkten. Das ist eine Darstellung, die vor zehn oder fünfzehn Jahren mal gepasst hat, es entspricht aber heute nicht mehr der Realität. Die Fusion hätte auch mit den herkömmlichen Instrumentarien genehmigt werden können. Ich hätte auch in dem traditionellen Springer-Markt und dem Markt, der hinzugekommen wäre, nicht unbedingt einen Anlass für zu viel Meinungsmacht gesehen. Wenn ich richtig informiert bin, geht die Intention von Springer vielmehr in neue Märkte, die man heute nur mit Prognosen belegt hat. Wenn ich die Alternative sehe, dann frage ich mich, ob das der bessere Weg für die Zukunft ist.

Schwartmann: Vielen Dank, Herr Doetz. Bevor wir die Diskussion für Fragen aus dem Auditorium öffnen, noch eine Frage an Herrn Dörr. Sie haben es eben angesprochen, eines scheint klar: Konvergenz der Medien ist ein zentrales Thema für das Medienrecht der Gegenwart und Zukunft, das drängend namentlich nach einem rechtlichen Rahmen für technische und wirtschaftliche Fragen sucht. Die Anforderungen der digitalen Welt an die unternehmerische Entwicklung umsetzen zu können, hat Herr Döpfner Anfang Januar dieses Jahres als essentiell für die Zukunftsfähigkeit des Hauses Springer bezeichnet. Auf der anderen Seite setzt die KEK die Vorgaben der Verfassung im Hinblick auf die Vielfaltssicherung um, und sie muss vorherrschende Meinungsmacht ausbremsen. Kritiker halten Ihnen vor, Sie stünden Erfordernissen der Medienwirtschaft entgegen. Sehen Sie auch Möglichkeiten, die Bremse zu lockern?

Dörr: Um es kurz zu machen: Ich sehe keine Möglichkeit, diese Bremse zu lockern. Vorherrschende Meinungsmacht muss eben verhindert werden. Unsere Beschreibung in Deutschland dafür, was vorherrschende Meinungsmacht ist, ist nicht besonders streng, sondern sie ist besonders großzügig. Ich halte es übrigens wie Herr Doetz für richtig, dass sich private Unternehmen entwickeln können müssen. Das ist richtig, zumal wir einen starken öffentlich-rechtlichen Rundfunk haben, der ja als public service insbesondere zur Meinungsvielfalt beitragen soll. Aber bei uns gibt es, gerade im europäischen Vergleich und im Vergleich zu anderen Kontinenten, besonders großzügige Grenzen. Es ist nicht so, dass in den USA alles erlaubt ist, auch wenn man das hier gerne berichtet. Es gibt zwar dort unter der Regierung Bush eine Tendenz, Grenzen zu lockern, aber bisher sind die Grenzen strenger als bei uns. Amerikanische Unternehmen profitieren oft davon, dass in Deutschland niemand etwas über amerikanisches Recht weiß und deshalb sagen kann, in den USA sei alles erlaubt. Das ist keineswegs so. Unsere Grenzen sind großzügig, und so sollen sie auch sein, aber noch großzügiger kann man sie nicht ausgestalten. Für mich ist ebenfalls wie für Herrn Doetz, interessant, wie man die neue Entwicklung mit einbezieht und wie man andere Regelungen liberalisieren kann. Da bin ich ganz der Meinung von Herrn Doetz, allerdings sind die Regelungen oft sehr viel stärker europäisch als deutsch geprägt. Das gilt etwa für Werberegelungen. Da finde ich die Position richtig, dass Werbebegrenzungsregeln weitgehend aufgehoben werden, soweit sie quantitativ sind, nicht soweit sie qualitativ sind. Aber die Vielfaltsicherung, so wie sie bei uns ist, kann man nicht zur Disposition stellen Der Gesetzgeber hat gewisse Möglichkeiten, dies ein wenig neu auszutarieren. Ob ihm das aber gelingt, sehe ich eher skeptisch. Ich halte im Gegensatz zu Herrn Doetz auch immer viel von auslegungsfähigen allgemeinen Regeln. Dazu entwickelt sich eine Spruchpraxis wie beim Kartellamt. Inzwischen ist bei der KEK zu diesen Fragen auch eine Spruchpraxis entstanden. Eigentlich könnten die Privaten mit der KEK hoch zufrieden sein. Wir haben nicht beständig Zusammenschlüsse untersagt, wir haben einen Zusammenschluss untersagt, und das war auch richtig. Wir entscheiden im Regelfall viel schneller als fast alle anderen Verwaltungsbehörden, wir entscheiden nämlich ungefähr in dem Zeitraum, der für das Kartellamt gesetzlich vorgegeben ist. Wir haben den Springer-Fall in knapp über vier Monaten entschieden. Ich möchte mal sehen, wenn es zu einer gerichtlichen Auseinandersetzung kommt, wie lange ein Verwaltungsgericht für diesen Fall in der ersten Instanz braucht. Ob die das dann genau so schnell machen wie die oft gescholtene KEK, die sich aus nebenberuflichen Sachverständigen zusammensetzt, ist die Frage. Von daher sollten wir es bei den Regelungen im Grundsatz belassen. Ansonsten finde ich es durchaus richtig, über manche Regelungen im Medienrecht, insbesondere bei Werbebestimmungen, kritisch nachzudenken und manche ersatzlos zu streichen.

Schwartmann: Vielen Dank an das Podium bis hierhin. Wir haben einen Bogen gespannt von medienethischen Fragen, über die Ausgestaltung des Medienkonzentrationsrechts bis zu den Herausforderungen, die dieses Gebiet in der crossmedialen, digitalen Welt der Konvergenz der Medien zu bestehen hat. Ich freue mich nun auf Ihre Fragen, die ich gerne ein wenig bündeln würde. Ich habe Herrn Fink, Herrn Cole und Frau Brunn gesehen. In der Reihenfolge der Meldung zunächst Herr Kollege Fink, bitte.

Fink: Udo Fink, Hochschullehrer der Universität Mainz. Ich habe zwei Fragen an Herrn Dörr und Herrn Albert. Sie betreffen zum einen das geltende Fernsehaufsichtsrecht und zum anderen die mögliche Zukunft. Zum geltenden Aufsichtsrecht: Ist wirklich das Zuschaueranteilsmodell, auf dem das bisherige Recht basiert, die richtige Lösung? Wird nicht durch das Zuschaueranteilsmodell schon nach den jetzigen Marktgegebenheiten im Grunde nur Marktmacht gemessen und nicht Meinungsmacht im Sinne von demokratischer Einflussnahme? Der Zuschaueranteil misst für die privaten Rundfunkanstalten die Einnahmemöglichkeiten. Wie uns Herr Doetz einleuchtend vorgeführt hat, ist es für die privaten Rundfunkveranstalter zunächst im Sinne ihres wirtschaftlichen Überlebens wichtig, einen möglichst hohen Zuschaueranteil zu haben und nicht möglichst viel Einflussnahme in meinungsspezifischer Art und Weise. Also sollte man das wirklich durch ein Zuschaueranteilsmodell machen, oder braucht man nicht materielle Kriterien, die solche Meinungsmacht messen? Zeigt nicht gerade der Fall der möglichen Fusion Springer mit ProSiebenSat.1, dass hier auch teilweise die Grenzen dieses Modells zerfließen können? Sieht man hier nicht, dass – soweit verstehe ich zumindest die Entscheidung der KEK bezüglich der crossmedialen Einflüsse – dann doch inhaltliche Kriterien eine Rolle gespielt haben, weil nämlich ein der Sache nach sehr potenter Meinungsmacher auf dem Printmedienmarkt nun in einen Fernsehsektor einsteigen wollte, der bisher nur nach dem rein formellen Zuschaueranteilsmodell bemessen wird? War es nicht so, dass der große Meinungsmacher „Bild" hier aufgetreten ist, um ein Fernsehunternehmen zu erwerben, das bisher aus meiner Sicht nicht so auffällig war? Die andere Frage zielt auf das ab, was Herr Doetz gesagt hat. Ist es nicht so, dass sowohl die technische als auch die wirtschaftliche Entwicklung auf den Medienmärkten uns sehr schnell dazu zwingen werden, darüber nachzudenken, ob wir eine solche medienspezifische Kontrolle außerhalb des Fernsehbereichs brauchen? Ist das wirklich noch der Weg der Zukunft, dass wir sagen, das Fernsehen habe eine Sonderrolle, die es von allen anderen Medien unterscheidet und es rechtfertigt, alleine den Fernsehmarkt einer solchen Kontrolle außerhalb der Wettbewerbskontrolle, die das Bundeskartellamt vornimmt, zu unterwerfen, oder wird es nicht sehr bald so sein, dass wir darüber nachdenken müssen, neue Medien ebenso wie alte Medien mit einzubeziehen? Müssen wir nicht etwa über eine Kontrolle des Pressemarktes nachdenken?

Schwartmann: Herr Cole, Ihre Frage bitte.

Cole: Mark Cole, Habilitand an der Universität Mainz. Herr Paetow, Sie haben gesagt, der Gesetzgeber sollte solche Regelungen nicht vorsehen, er sollte keine genaue Markteinteilung vornehmen. Was halten Sie jedoch von der Herangehensweise der Europäischen Kommission, die gerade im Wettbewerb zumindest im Ansatz versucht hat, durch sehr umfangreiche Studien herauszufinden, wie in den verschiedenen Mitgliedstaaten der EU die Märkte im Medienbereich definiert werden? Daraus könnten möglicherweise im zweiten Schritt Vorgaben entstehen, wie Märkte sinnvoll einzuteilen sind, innerhalb derer Vielfalt gewahrt werden muss. Mittlerweile sind diese Studien wohl teilweise schon wieder überholt, da sie eineinhalb bis zwei Jahre alt sind und das triple play nur am Rande berücksichtigen. Ich weiß nicht, ob es eine Möglichkeit ist, aber wenn, dann wäre das Bundeskartellamt doch eine der möglichen Instanzen, die das vornehmen könnte, um eine Handreichung für Unternehmen zu haben. Halten Sie das für sinnvoll oder nicht? Herr Doetz, Sie haben gesagt, dass im Moment im Blick auf die Medienmärkte notwendigerweise ganz stark Prognoseentscheidungen zu treffen sind. Wenn die Länder sehr schnell mit der Änderung des Rundfunkstaatsvertrages sind, dann ist die technische Änderung, die dynamische Entwicklung der Unternehmen in diesem Bereich ja noch viel schneller. Was leiten wir daraus ab, dass solche Prognosen entscheidend sind? Sollte man deswegen das „Risiko" eingehen, auch mal ein Mehr zuzulassen, ein Mehr vielleicht an Meinungsmacht in der Hoffnung, es würde einem schon gelingen, falls es zu viel war, es hinterher wieder zu entflechten oder rückgängig zu machen? Oder ist es nicht eben doch der bessere Weg, dann eher „Stopp" an einem gewissen Punkt zu sagen, weil das Risiko, es nicht rückgängig machen zu können – wenn man die Kriterien des einstweiligen Rechtsschutzes als Maßstab heranziehen würde –, zu groß ist?

Schwartmann: Vielen Dank, Herr Cole. Bitte Frau Brunn, ehemalige Wissenschaftsministerin unseres Landes. Nach Ihnen würde ich gerne Gelegenheit zu Antworten geben.

Brunn: Anke Brunn, ich komme aus Köln, bin Mitglied der Landesmedienkommission in Nordrhein-Westfalen, und insofern bin ich auch mit der Frage befasst, was an neuen Entwicklungen auf uns zukommt. Wir hatten jetzt kürzlich die Konstellation, dass es einen Kabelnetzbetreiber gibt, der über Fußballrechte verfügend, einen Veranstalter dafür gewinnt, sich mit einer Lizenz anzumelden. Die Frage ist, ob es auf Dauer in Ordnung sein kann, dass sich die Verbreitungswege gewissermaßen die Veranstalter leisten. Benötigen wir da nicht auch eine Ergänzung, zumindest im Staatsvertrag, um diesem Phänomen der Machtkonzentration Rechnung zu tragen? Ein anderes Phänomen ist die Telekom, die auch Rechte hat und offensichtlich Fernsehen veranstalten will. Sie sieht sich nicht einmal als Veranstalter und reagiert überhaupt nicht auf die Fragen von Seiten der Medieninstitutionen, weil sie meint, wir wären gar nicht für sie zuständig. Das ist also ein ganz neues Phänomen. Wenn sie mal wirklich senden wollen, brauchen sie eine Zulassung; vielleicht schaffen sie es über Premiere. Aber auch da wird sich die Frage stellen, ob es so ohne weiteres geht, dass ein zumindest zum Teil dem Staat gehörendes Unternehmen das einfach so machen kann. Auch hier ist möglicherweise das Medienrecht ergänzungsbedürftig. Ich frage, was wir im Mediengesetz und im Staatsvertrag oder auch auf europäischer Ebene an Änderungsbedarf haben, weil die verschiedenen Formen der Verbreitung offensichtlich sehr unterschiedlich behandelt werden. In Zukunft scheint es eher so zu sein, dass die Medienmacht darin besteht, dass bestimmte Inhaber von Verbreitungswegen versuchen, eine Verbreitung zu monopolisieren, um Benutzeranteile einzukaufen und den Benutzern überhaupt nicht mehr die Chance der Vielfalt zu geben, obwohl es bei den unterschiedlichen Verbreitungswegen eine zusätzliche Vielfaltchance gibt, die in unterschiedlichen Verbreitungswegen besteht. Vielleicht könnten Sie diese Frage kommentieren.

Schwartmann: Vielen Dank, Frau Brunn. Sie sprechen ein Bündel von Fragen an, die sich auch aus meiner Sicht im Zusammenhang mit der Konvergenz gerade im Hinblick auf neue Anbieter von Inhalten mit Nachdruck stellen. Fangen wir aber in der Reihenfolge mit der Frage von Herrn Fink an. Es ging um die Tauglichkeit des Zuschaueranteilsmodells bei crossmedialen Sachverhalten und die medienspezifische Kontrolle außerhalb des Bereichs Fernsehen. Vielleicht zunächst Herr Dörr und dann Herr Albert.

Dörr: Das Zuschaueranteilsmodell halte ich für ein mögliches und auch richtiges Modell. Es zählt die Zuschauerkontakte und damit durchaus die mögliche Meinungsbeeinflussung. Ich halte es auch für richtig, dass man dort alle Fernsehsender und alle Programme gleich bewertet. Denn alle Programme wirken auf die Meinung ein und sie können sie vor allem zur Meinungsbildung umsetzen. Das Zuschaueranteilsmodell ist übrigens nicht das Modell, das der Werbung zugrunde liegt. Zuschaueranteile zählt man auch aus Werbegründen, aber da wird nur die werberelevante Zielgruppe in die Betrachtung mit einbezogen, nicht alle Zuschauer. Man kann darüber streiten, ob sich das Zuschaueranteilsmodell verbessern lässt, aber es ist eines der möglichen

Modelle. Wir haben dieses Modell auf die anderen Märkte zu übertragen versucht. Wir haben nämlich auf die Zuschauer- oder Leserkontakte abgestimmt; wir haben also versucht, genau dem Gedanken Rechnung zu tragen, dass der Rundfunkstaatsvertrag insoweit ein Leitbild vorgibt. Wir haben nicht etwa die Bildzeitung anders bewertet als die Süddeutsche Zeitung und die F.A.Z. noch mal anders, auch nicht die Verkaufszeitungen anders als die Abonnementzeitungen. Das wären Märkte, die das Kartellamt unterscheidet. Wir haben eigentlich den Zeitungsmarkt genau nach dem gleichen Modell bewertet. Ich weiß nicht, ob es ein besseres Modell gibt. Es sind im Vorfeld des Rundfunkstaatsvertrages vor 1996 etliche Modelle diskutiert worden. Das Zuschaueranteilsmodell war für mich das überzeugendste Modell. Alle anderen Modelle haben mich weniger überzeugt und deshalb würde ich, solange mir nichts besseres einfällt, am Zuschaueranteilsmodell festhalten und bei den medienrelevanten verwandten Märkten versuchen, vergleichbare relevante Größen heranzuziehen. Das haben wir versucht, ob uns das immer gelungen ist, darüber könnte ich mit Herrn Doetz wieder trefflich streiten. Ich räume auch ein, dass solche Bewertungsfragen unterschiedlich gesehen werden können. Aber das Zuschaueranteilsmodell halte ich von der Meinungsmacht her für ein richtiges und konsequentes Modell, und deshalb würde ich es nicht ändern.

Schwartmann: Eine klare Aussage. Herr Albert bitte.

Albert: Das Zuschaueranteilsmodell hat natürlich einen gewissen Charme. Wie die Regelung des § 26 aufgebaut ist, ist sie so offen, dass sie neue Entwicklungen mit einbeziehen kann. Von daher ist sie sehr flexibel. Aber gerade dieser Fall - ich will jetzt nicht auf die Berechnungsmethode im Einzelnen eingehen - bringt uns doch zum Nachdenken. Wenn Sie sich § 26 Abs. 2 etwas genauer anschauen, dann ergeben sich auf jeder Stufe sehr schwierige Bewertungsfragen. Wir müssen zunächst die entsprechenden Märkte bilden. Die KEK hat Märkte gebildet, das kann man so sehen; man kann das eventuell auch anders sehen. Dann muss man die Stellung des Unternehmens auf dem jeweiligen Markt bewerten. Wenn man diese Stellung dann hat, muss man errechnen, welcher Einfluss auf die öffentliche Meinungsbildung mit dieser Stellung verbunden ist. Dann kommt der letzte Schritt, der vierte, ob diese Stellung auf den verschiedenen Märkten, zusammen gesehen mit dem Zuschaueranteil, einem Zuschaueranteil von rund 30 Prozent entspricht. Bei diesen Diskussionen stellen wir die Frage, ob eine solche Konstellation für

Unternehmen, die sich darauf einstellen müssen, wirklich noch ein berechenbares Modell ist. Berechenbarkeit meine ich hier im Sinne von Rechtssicherheit. Was kann ich tun? Was darf ich nicht tun? Oder klärt sich das erst in einem späteren Verfahren? Und der zweite Punkt ist, ob es nicht im Grunde ein Verstoß gegen das Bestimmtheitsgebot ist. Auch die Kommunikationswissenschaft lässt einen bei den geschilderten Bewertungsfragen alleine. Die Frage ist daher, ob das Zuschaueranteilmodell überhaupt eine Grundlage bietet, um eine justiziable Entscheidung treffen zu können? Sie können die verschiedenen Ergebnisse mit dieser Modellwahl erzielen. Ich habe da meine Zweifel, ob die Tauglichkeit dieses Modells gegeben ist. Wenn man einmal ins Ausland blickt, gibt es kaum ein Land, zumindest nicht in dieser Größenordnung, das ein solches Modell benutzt. Meistens geht es um strukturelle Vorgaben, wenn der eine in dem und dem Markt die und die Stellung hat, dann darf er in dem anderen Markt nur das und das tun. Das ist also ein wesentlich höheres Maß an Rechtssicherheit und ist vielleicht auch einmal ein Punkt, über den man diskutieren muss. Die andere Frage stelle ich jetzt zunächst noch zurück. Das sind die neueren Entwicklungen, da tun sich in der Tat Fragen auf, die man mit dem Zuschaueranteilsmodell nicht lösen kann. Aber das spricht nicht nur gegen das Zuschaueranteilsmodell, sondern da muss man wirklich strukturelle Vorkehrungen treffen.

Schwartmann: Ihre Einschätzung ist also schon etwas kritischer. Herr Doetz, wie stehen Sie zum Zuschaueranteilsmodell?

Doetz: Bei den ersten Fragen war direkt ein Zusammenhang zu sehen. Ich denke, das Zuschauermarktanteilsmodell soll in die Zukunft weisen, aber es ist in einer Wirklichkeit entstanden, als eine Fernsehfamilie nicht mehr als zwei oder drei Sender hatte. Heute ist Diversifikation überall, es ist heute nicht nur auf Meinungsrelevanz abzustellen. Mir fällt es schwer, wenn es um Meinungsvielfaltsicherung geht, 9Live einzubeziehen in die Frage, wie hier in Deutschland Meinungsmacht verhindert wird. Eigentlich geht es um die Frage, ob nicht diese Strategie, die es zwingend notwenig macht, neue Wege zu gehen, zumindest die Frage provoziert, ob man dann nicht prüfen muss, ob die überhaupt meinungsrelevant sind. Die Frage, ob man einen Teleshopping-Sender so beurteilt wie einen Nachrichtensender, muss erlaubt sein. Meiner Meinung nach zählt Meinungsrelevanz grundsätzlich dann, wenn es um die Bedrohung oder Sicherung von Meinungsvielfalt geht. Ich komme jetzt auch noch einmal auf das Verfahren, das wir eben erlebt haben, zurück. Da ging es ja zum Beispiel auch um Auflagen für die Sendergruppe, für die die Landesmedienanstalt, wenn ich es richtig weiß, auch eine staatsvertragliche Absicherung vorgeschlagen hatte. Auch auf die Frage hin, erstmal versuchen und dann einschränken, dass es hier durchaus solche Mechanismen gab zu sagen, wir machen eine staatsvertragliche Reglung und wenn sie nicht eingehalten wird, haben wir das Instrumentarium in der Hand, tätig zu werden. Es gab das Argument des Kartellamts, das könne man sowieso nicht durchsetzen. Offensichtlich hat man von Herrn Dörr gelernt oder lernen wollen, dass es nur Standortinteressenswahrer sind. So kommen wir in der Diskussion nicht weiter, weil diese typisch deutsche Art, erst regulieren und dann schauen, was rauskommt, jede Weiterentwicklung verhindert. Dafür braucht es auch einen gewissen Freiraum. Und wenn Sie sicherstellen, dass Sie dort, wo der Freiraum ist, die Instrumentarien an der Hand haben, sollte man das Risiko eingehen, wenn es überhaupt noch ein Risiko ist. Aber das bedarf dann der Möglichkeit, dass man den Regulierern verwehrt, hart zuschlagen zu können. Das Zweite ist, dass man das Zuschaueranteilsmodell mit Blick auf die Zukunft einer kritischen Überprüfung unterzieht.

Schwartmann: Vielen Dank, Herr Doetz für Ihre Mahnung, das Verhältnis zwischen Regulierung und unternehmerischer Freiheit zu bedenken. Herr Paetow dazu noch, oder möchten Sie sich der Frage von Herrn Cole zu den Prognosestudien der EU-Kommission zuwenden, die sich an Sie richtete.

Paetow: Vielleicht wirklich noch eine Anmerkung zu der Diskussion, die hier gerade auf dem Podium gelaufen ist. Hat man sich nicht eigentlich einmal die Frage gestellt, welche Zahl beim Zuschaueranteilsmodell herauskommt, QVC rein, ja oder nein? Würde das denn am Ergebnis überhaupt irgendetwas ändern? Wenn man bei 47 Prozent ist, bewertet man dann einen Fall anders, wenn man einen kleinen Anbieter noch rein oder raus nimmt? Würde das irgendeinen Unterschied machen, da man auf jeden Fall über 30 Prozent ist? Man ist zwar immer bemüht, seine Instrumente zu verfeinern und zu verbessern. Dies scheint mir aber ein Streit, der mir ein bisschen gespenstig vorkommt.

Doetz: Dann müssen Sie aber zu den Gespenstern auch die zählen, die plötzlich sagen, dass bei ProSiebenSat.1 die Bildzeitungsleser zu den Zuschauern gezählt werden. Das war auch schon eine gewisse fremde Erfahrung, lieber Herr Paetow!

Paetow: Ich muss Ihnen widersprechen, auch bei Ihrer Aussage, dass das Leute seien, die zuschlagen könnten. Bei kartellrechtlichen Diskussionen oder Entscheidungen gibt es eine Verwaltungspraxis und eine gesicherte Rechtsprechung. Es sind gewisse Anforderungen daran zu stellen, die rechtliche Qualität von Entscheidungen richtig beurteilen zu können. Diese rechtliche Qualität gab es aus unserer Einschätzung nicht, da offen eingeräumt wurde, dass es gar keine rechtlichen Grundlagen für bestimmte Auflagen, die zum Beispiel den Werbemarkt betreffen, gibt. Das kann zwar Teil der Lizenz sein, aber ob wir dann dagegen Sanktionsmaßnahmen treffen können, ist noch nicht klar. Dies hat für uns nicht die Qualität, die wir bei einer Einbeziehung unserer Entscheidung fordern. Wir müssen – genau so wie bei der Prognose – eine gewisse Qualität der Verstärkung, der Addition haben. Wir können nicht bei der Relativierung von Marktstellung sagen: „Hoffen wir mal, dass das alles so läuft." Das bedarf einer gewissen rechtlichen Qualität. Jetzt noch mal beiseite gelassen, dass im Rahmen des Kartellrechts aus gutem Grund eine laufende Verhaltenskontrolle gar nicht möglich und auch nicht erlaubt ist, was hier in gewissem Umfang hätte gemacht werden müssen, ist eine interessante Frage. Da das alles nun nicht umgesetzt wurde, ist die Frage insoweit müßig. So viel zu der Frage, was wir denn beurteilen müssen oder was wir da einbeziehen müssen. Nun zur Frage der Verstärkungswirkung: Natürlich haben die Unternehmen bestritten, dass man irgendwelche Synergien aus dem Geschäft braucht. Ich frage mich nur, wie man das Ganze finanzieren wollte, wenn nicht aus operativen Synergien des Zusammenschlusses. Wir mussten natürlich unterstellen, welche Möglichkeiten es gibt und fragen, ob bestimmte Dinge wirtschaftlich vernünftig sind. Dies haben wir im Falle der Cross-Promotion und in weiteren Punkten so gesehen. Ob diese Bewertung letztendlich einer gerichtlichen Überprüfung Stand gehalten hätte, kann ich nicht sagen. Das ist so noch nicht entschieden worden, und das ist auch noch nicht gerichtlich überprüft worden. Aber wir haben das nicht einfach so aus dem Blauen heraus entschieden. Zu Ihrer Frage der Studien bei der EU und zu der Frage der Marktabgrenzung: Ich meine, es ist durchaus sinnvoll, solche Bestandsaufnahmen zu machen, und die EU hat dafür offensichtlich auch Geld. Es gibt Arbeitskreise Medien, in denen solche Ergebnisse diskutiert werden.

Man muss aber auch sehen, dass es starke Unterschiede in den Angebots- und Nachfrageverhältnissen, in den Strukturen, in den einzelnen Mitgliedstaaten, gerade auch im Medienbereich, aber auch auf sehr vielen anderen Märkten gibt. Deshalb ist es für mich fast ausgeschlossen, dass daraus so etwas wie: „So sind Märkte abzugrenzen" herauskommt. Es könnte höchstens ein Lernprozess bei allen Wettbewerbsbehörden durch eine solche Diskussion einsetzen. Ich will uns dabei nicht ausschließen. Einer solchen Diskussion müssen wir uns immer stellen. Aber zu Ihrer Frage: Wird das umgesetzt, und wird das Folgen haben? Das ist in der Form gar nicht zu beantworten und ich hielte es auch nicht für hilfreich.

Jakobs: Die wirklich spannende Frage ist die von Frau Brunn nach dem Zusammenwirken von Netz und Inhalten. In der Tat braucht es da Bewegung im Rundfunkrecht. Es wird jetzt sicherlich durch die Landesmedienanstalten Umarbeiten geben müssen. So hat doch die Telekom erklärt, die Landesmedienanstalten seien nicht zuständig. Es gibt jetzt die Sublizenz an Premiere rund um die Fußballbundesliga. Diese muss genehmigt werden, und das wird geprüft werden. Dann wird sicherlich auch noch einmal die Frage gestellt werden, wie weit die Bundesbeteiligung an der Telekom eine Rolle spielt. Das alles wird in die neuen Gesetze einfließen. Premiere hat gegen die Entscheidung ihrer Landesmedienanstalt Widerspruch eingelegt[1], lässt aber eine spezielle Beziehung zwischen Netz und Inhalten eingehen. Diese Konstellation zeigt, dass man hier dringend eine klare Regelung braucht. Zu den Zuschauermarktanteilen: Bei allem wunderbaren Gerede über Mobile TV, IPTV darf man nicht vergessen, dass der Fernsehkonsum über die Jahre immer stärker zugenommen hat, er bewegt sich auf vier Stunden zu. Das sagt doch einiges zu der Relevanz des Mediums, vor allen Dingen, wenn man sich dann vergegenwärtigt, dass die vormals trennscharfen Unterschiede zwischen Politik, Information und Unterhaltung aufgehoben sind. Politiker wissen, dass sie in Unterhaltungssendungen am meisten für ihr Image tun können, und dementsprechend verhalten sie sich auch. Und natürlich gab es bei ProSieben vor

---

1 Jedenfalls im konkreten Fall sah die ALM nach einer Pressemitteilung vom 14. Juni 2006 „keine Anhaltspunkte dafür, dass Premiere nicht Veranstalter des Programms im rundfunkrechtlichen Sinne ist". Vgl. insbesondere auch zu möglichen konzentrationsrechtlichen Implikationen dieses Falles Dörr/Schwartmann, Medienrecht, Rn. 257 ff.

der Bundestagswahl eine politische Runde, die bei jungen Wählern ordentlich Eindruck gemacht hat. Das muss man leider zusammen sehen.

Dörr: Frau Brunn, ich wollte auch noch einmal auf Ihre Frage eingehen, die auch mir ganz wichtig erscheint. Diese Entwicklung wirft ja mehrere Teilfragen auf. Zum einen, wann ist jemand Rundfunkveranstalter? Das ist eine ganz wichtige Frage, die sich die Landesmedienanstalten gemeinsam mit der KEK, aber in erster Linie durch ihre Organe, die für Zulassungen zuständig sind, stellen müssen. Denn das Verfassungsgericht hat zu Recht gesagt, es komme nicht darauf an, wie sich jemand nennt, sondern was er macht. Das ist die extra-radio-Entscheidung des Bundesverfassungsgerichts. Wer ist eigentlich materiell Veranstalter? Da gibt es bestimmte Indizien: Wer gibt dem Programm den Namen, wer bestimmt eigentlich maßgeblich den Sendeinhalt mit, wer mischt die Inhalte, wer vermarktet sie? Bei den Kabelnetzbetreibern verändert sich dies schon. Es gibt inzwischen Kabelnetzbetreiber, die teilweise Verträge mit Veranstaltern machen, die inhaltlich große Auswirkung haben, gerade bei kleinen Veranstaltern. Die zweite Teilfrage ist, wie sichert man den Zugang zu den Zuschauerinnen und Zuschauern? Das ist die Frage, die Herr Doetz mehrfach ansprach. Wie sichert man eigentlich bei Kabelnetzbetreibern, die auch eigene Inhalte vermarkten, oder bei anderen Plattformbetreibern – es müssen ja keine Kabelnetze sein, es können alle Formen von Plattformen sein, Handy-TV, Satellitenplattform, oder was auch immer – dort die vielfältigen Inhalte? Dies hat ebenso eine kartellrechtliche Seite – Zugang zu wesentlichen Einrichtungen – wie aber auch eine medienrechtliche Seite. Das ist zurzeit § 53 Rundfunkstaatsvertrag. Da muss man überlegen, ob er ausreicht. Die dritte Frage ist, wie sich meinungsverstärkend eine Machtstellung im Kabel auswirkt. Dies ist eine andere Frage als die, ob Tageszeitungen und Rundfunk- bzw. Fernsehprogramme zusammenkommen. Das sind zwei Programmangebote. Hier sind es technische vor- und nachgelagerte Märkte. Auf diese große Herausforderung muss der Rundfunkstaatsvertragsgesetzgeber schon reagieren. Ich halte es für ganz wichtig, dass man vor allem den diskriminierungsfreien Zugang sichert und sicherstellt, dass der Endempfänger alle Inhalte erhalten kann. Das ist gar nicht so leicht, weil es viele technische Engpässe gibt. Dies sind nicht nur die Plattformen selbst, sondern auch Programmführer usw. Für mich war ganz interessant, dass Sie, Herr Doetz, in dem Zusammenhang nach Regulierung gerufen haben und nicht nach Deregulierung. Das ist aber nicht als Vorwurf gemeint, sondern da sieht man, wie bunt die Welt schon ist. Aber ein wenig Regulierung brauchen Sie oft auch.

Doetz: Wissen Sie, wenn es nicht auch Regulierung gäbe, wären wir morgen bei Ihnen kein Rundfunkveranstalter mehr. Das eine bedingt das andere. Und leider machen wir Ihnen es da nicht so einfach, Herr Dörr, das haben wir schon gelernt und deswegen freut es mich immer, wenn Regulierungsfreunde von gestern heute auf der anderen Seite stehen und umgekehrt. Das ist oft ein Wechsel, und gerade bei diesem Kampf um Verteilung der Kapazitäten werden wir den Teufel tun und jeder Regulierung ade sagen. Dann haben wir nicht mehr den Status, der uns vorrangigen Zugang zu Netzen und Kapazitäten eröffnet, sondern sind morgen Programmlieferanten von Vodafone. Das wollen wir noch verhindern, solange es geht.

Schwartmann: Vielen Dank, meine Herren. Das hört sich ja nach einer Annäherung an. Ich habe nun noch eine Wortmeldung von Herrn Scheuer.

Scheuer: Alexander Scheuer, Rechtsanwalt, Geschäftsführer des Instituts für Europäisches Medienrecht in Saarbrücken. Ich bin Herrn Dr. Cole überaus dankbar, dass er die Studien angesprochen hat, die wir verantwortet haben. Das waren die großen Bestandsaufnahmen aus den Jahren 2003 und 2005. Wir hatten jeweils vier Monate Bearbeitungszeit bis zur Abgabe und dann wurden die Studien innerhalb von zwei Monaten abgenommen – also in einer "Rekordgeschwindigkeit". Als diese abgenommen wurden, waren die Dinge teilweise schon veraltet. Das lässt sich in diesem Bereich nicht vermeiden. Der Hinweis auf die nächstfolgende Änderung des Rundfunkstaatsvertrages zeigt, dass Deutschland hierbei keine Ausnahme ist. In diesem Kontext würde ich gerne darauf hinweisen, in welchem zeitlichen Zusammenhang die Studien ausgeschrieben wurden. Wir haben mit dem Telekommunikations-Richtlinienpaket 2002 einen Ansatz gehabt, bei dem die Kommission Märkte vordefiniert hat; das ist eben auch schon angesprochen worden. Die Frage lautete allgemein: Kann nicht der Gesetzgeber Leitlinien und Umschreibungen für Märkte vornehmen? Das ist in einer Empfehlung der Kommission zu den relevanten Märkten im Bereich der elektronischen Kommunikation ja geschehen. Und dann hatten wir wie die Kommission einen Gedanken: Lässt sich so etwas nicht auch im Medienmarkt bewerkstelligen? Den Medienmarkt untergliederte der Studienauftrag nach Rundfunk, Presse, Internet, Bücher und Musik. Das waren die großen Sektoren, die wir untersucht haben. Wenn man das rückblickend betrachtet, muss man sagen, der Gedanke scheint sich nicht durchgesetzt zu haben. Die Entwicklung ist zu schnell, es entstehen offenbar zu schnell neue Märkte. Die Studien haben gezeigt, dass die Heterogenität in den Ländern auch aufgrund der Marktentwicklung dort, insbesondere wenn man Mittel- und Osteuropa anschaut, sehr groß ist. Gleichwohl haben wir festgestellt, dass die Märkte immer kleiner werden und wir das Problem haben, dass Märkte auch bei uns in Deutschland von ganz verschiedenen Rechtsgebieten erfasst werden. Wir haben das Kartellrecht, das Telekommunikationsrecht, und wir haben den Verweis auf die medienrelevanten verwandten Märkte, wie ihn eben der Rundfunkstaatsvertrag vorsieht. Jetzt wendet die Bundesnetzagentur in einem Aufsehen erregenden Fall das Konzept des "neuen Marktes" in einem bestimmten politischen Umfeld an. Da fragt man sich schon, ob man nicht in der Entwicklung dahin kommen kann, über Verzahnung in den Verfahren nachzudenken oder vielleicht über gemeinsame Leitlinien. Wie gehe ich an neue Märkte heran, oder wie führe ich die Analysen durch, falls es Brüche im bisherigen System gibt? Eventuell kommt man dann dazu, die Marktmacht- und Meinungsmachtfragen über den Medienbereich hinweg zu beantworten und damit Anschluss an das Kartellrecht zu suchen.

Schwartmann: Herr Paetow, Sie möchten dazu etwas sagen.

Paetow: Sie haben noch einmal erläutert, vor welchem Hintergrund die Studie entstanden ist. Ich denke auch, dass die Entwicklung der Märkte viel zu schnell ist, als dass man da irgendetwas festschreiben könnte. Das wäre nach der parlamentarischen Beratung oder der Beratung in EU-Gremien schon überholt. Natürlich unterliegen Unternehmen verschiedenen Regulierungen und verschiedenen Kontrollen. Dafür hat sich der Gesetzgeber entschieden; das Bundeskartellamt hingegen hat sehr lange versucht, vor sektorspezifischen Regelungen zu warnen, da dies die Verfahren verlängert und für die Unternehmen Umstände macht. Diesen Weg ist der Gesetzgeber nicht gegangen. Wir haben jetzt verschiedene Regulierungen, gerade auch in Bereichen, in denen ein staatliches Monopol bestand, die doch erstmal versuchen, Wettbewerb zu installieren. Insoweit haben wir immer eine unterschiedliche Herangehensweise, aber auch unterschiedliche Schutzzwecke. Zwischen der KEK und dem Bundeskartellamt ist das ganz eindeutig. Insoweit fehlt mir die

Phantasie, mir vorzustellen, dass wir das alles unter einen einheitlichen Marktbegriff bekommen können. Der Markt definiert sich auch immer nach dem Schutzzweck der jeweiligen Norm. Wenn es unterschiedliche Schutzzwecke gibt, kommt man auch zu unterschiedlichen Abgrenzungen. Das ist selbst im Kartellrecht so. Bei der Marktabgrenzung im Rahmen der Fusionskontrolle kann eine langfristig auf Strukturkontrolle angelegte Überprüfung zu anderen Ergebnissen kommen als im Missbrauchsverfahren. Typisches Beispiel im Bereich des Flugverkehrs: Es käme im Rahmen der Fusionskontrolle niemand darauf, von irgendwelchen einzelnen Relationen oder Destinationen bei der Marktabgrenzung auszugehen, sondern es werden bestimmte Regionen, die man mit seinem unternehmerischen Potenzial – hier den Fluggeräten - abdecken kann, als ein relevanter Markt gesehen. Es kann im Rahmen der Missbrauchsaufsicht durchaus sachgerecht und sogar normbedingt sachgerecht sein, die Strecke Berlin-Frankfurt ins Auge zu nehmen. Insoweit sehe ich nicht, dass man zu einer Vereinheitlichung kommen kann.

Schwartmann: Vielen Dank! Mit Blick auf die Uhr will ich es mit Ihrem Einverständnis bei diesen Fragen bewenden lassen und würde gerne zu einer kurzen Schlussrunde auf dem Podium kommen und Gelegenheit geben, ein Resümee zu der Frage dieses Nachmittages zu ziehen, wie viel Macht die Vielfalt im Medienkonzentrationsrecht verträgt. Vielleicht möchten Sie beginnen, Herr Albert?

Albert: Wir hatten schon mehrfach angesprochen, dass wir uns sehr kurzfristig neuen Problemen stellen müssen, die sich durch die vertikale Integration ergeben. Wir wissen, dass Landesmedienanstalten – das ist jetzt unabhängig von den staatsvertraglichen Änderungen – sich mit dem Veranstalterbegriff und mit dem Rundfunkbegriff als solchem beschäftigen müssen. Wir müssen, auch wenn es unterschiedliche Auffassungen gibt, noch einmal über das Zuschaueranteilsmodell diskutieren. Es heißt übrigens nicht Zuschauermarktanteilsmodell, sondern Zuschaueranteilsmodell. Aber als vorrangige Aufgaben sind vertikale Integrationsprobleme zu lösen und die Frage zu beantworten, wer Veranstalter ist und wer die Verantwortung hat. Insgesamt ist darauf zu achten, dass das Diskriminierungspotential, das es bei den neuen Entwicklungen gibt, möglichst gering gehalten und soweit möglich ausgeschlossen wird.

Schwartmann: Herr Doetz, wie wünscht sich der Medienunternehmer das angesprochene Verhältnis künftig?

Doetz: Planungssicherheit für die Bewertung und Verrechnung von allen Märkten in dieser crossmedialen Zukunft. Die Technologieveränderungen und die Marktveränderungen zwingen meines Erachtens dazu, vieles neu zu diskutieren. Dabei denke ich jetzt nicht an einen Verriss, sondern wir müssen eher aus der Notwendigkeit auf diese veränderten Medienlandschaften eben auch durch die Überprüfung der bestehenden Regulierungssysteme reagieren. Planungssicherheit gibt es nur dann, wenn man weiß, wie die verschiedenen Teilmärkte künftig in einer crossmedialen Landschaft bewertet werden. Ich glaube, das ist eine zentrale Aufgabe.

Schwartmann: Wie ist Ihre Haltung, Herr Dörr? Muss Wesentliches in Punkto Sicherung der Meinungsvielfalt geschehen?

Dörr: Ich bin, was die Vielfaltsicherung betrifft, mit dem gegenwärtigen Recht ganz zufrieden. Ich kann mir verfahrensrechtliche Verbesserungen vorstellen. Ich kann mir auch vorstellen, eine Klarstellung im Hinblick auf Aufgreifkriterien oder reine Vermutungsregeln zu bewirken. Ich glaube, dass wir keine unbestimmteren Regelungen haben als im Kartellrecht und dass die Spruchpraxis für Klarheit sorgt. Wir haben uns auch in der KEK bemüht, eine klare Spruchpraxis zu entwickeln. Wir haben natürlich vor neuen Fällen gestanden, aber das geht dem Kartellamt manchmal auch so. Wir hatten, und darauf lege ich Wert, von Anfang an immer klar gemacht, dass wir auch unter 25 Prozent prüfen. Das haben wir auch den Unternehmen deutlich gemacht. Es war also klar, dass die KEK so vorgehen wird. Inzwischen kennt man die Kriterien und kann sich auf sie einstellen. Es kann natürlich auch dazu kommen, dass der Gesetzgeber versucht, die Kriterien genauer zu bestimmen. Dem sehe ich mit Interesse entgegen. Ich vermag mir aber auch mit viel Phantasie nicht vorzustellen, wie das gehen soll. Ich glaube, es wird bei unbestimmten Rechtsbegriffen bleiben. Ich würde es sehr begrüßen, wenn das Verfahren in dem von mir skizzierten Sinne verbessert würde. Natürlich können andere das auch anders sehen. Aber ich habe den Eindruck, dass wir gar nicht so weit auseinander liegen.

Schwartmann: Herr Paetow, Ihre Zukunftsperspektive für das Zusammenwachsen der crossmedialen Märkte: Wunschlos glücklich oder Reformbedarf?

Paetow: Wunschlos glücklich? Nein! Ich denke, Vielfalt und Macht sind Gegensätze. Vielfalt verträgt keine Macht, zumindest keine Macht, wie wir es als wirtschaftliche Macht bei unseren Prüfungen sehen. Ein Punkt, den ich vielleicht noch anmerken möchte: Ersatz für Vielfalt kann nicht konzerninterner Wettbewerb sein, also die Tatsache, dass das Unternehmen zusichert, es hält zwei Zeitungen aufrecht. Dieses wäre konzerninterner Wettbewerb, wie der wissenschaftliche Beirat beim Wirtschaftsministerium es einmal formuliert hat, dies ist ein Scheinwettbewerb. Dieses ist, man kann es auch anders formulieren, ein Abschöpfen von Konsumentenrenten.

Schwartmann: Zum Abschluss das Resümee des Medienjournalisten Hans-Jürgen Jakobs bitte.

Jakobs: Diese medienpolitischen Probleme sind nicht unbedingt leserattraktiv, das wissen wir aus unseren Befragungen. Ich ahne aber, dass wir in Zukunft tendenziell eher noch mehr redaktionellen Raum dafür zur Verfügung stellen müssen. Und wenn es eine Konvergenz bei den Medien gibt, wird sich wahrscheinlich auch Konvergenz bei den Medienaufsichtsgremien einstellen müssen. Das dauert hoffentlich nicht mehr lange, dass man dann doch noch eine einheitlichere Aufstellung findet.

Schwartmann: Vielen Dank, meine Herren. Damit würde ich die Podiumsdiskussion gerne schließen. Der anschließende Empfang kann noch Gelegenheit zu einem Gedankenaustausch bieten. Dazu darf ich im Namen des Rektors unserer Hochschule, Herrn Professor Joachim Metzner, herzlich einladen. Ich möchte, meine Damen und Herren auf dem Podium und im Publikum, für Ihr Interesse und Ihre Beteiligung an dieser Veranstaltung sehr danken. Mein ganz besonderer Dank gilt zudem allen Studierenden und Mitarbeitern der Fakultät für Wirtschaftswissenschaften und ihrem Dekan, Herrn Kollegen Erich Hölter, an der die Kölner Forschungsstelle für Medienrecht angesiedelt ist. Herzlichen Dank auch an Dieter Dörr, Birgit Harz und das Team des Mainzer Medieninstituts. In Mainz und Köln wurde mit viel freiwilligem Engagement zum Gelingen dieser Veranstaltung beigetragen, und ich kann nur hoffen, dass sie allen Beteiligten so viel Freude bereitet hat wie mir. Besondere Erwähnung verdient auch die sehr gute Zusammenarbeit mit dem Medienforum NRW 2006, das unser Kooperationspartner für diese Veranstaltung war. Auch dorthin vielen Dank. Bei diesem heutigen Mediensymposium soll es nicht bleiben. Die Kölner Forschungsstelle für Medienrecht versteht sich als Forum für Medienrecht und Medienwirtschaft in engem Diskurs mit der Medienpraxis. Sie wird Sie auch künftig gerne begrüßen. Ich freue mich auf den Gedankenaustausch und gebe das letzte Wort an Dieter Dörr.

Dörr: Ich werde jetzt nicht versuchen die Diskussion zusammenzufassen, das wäre rein subjektiv und völlig einseitig. Ich darf mich als Direktor des Mainzer Medieninstituts auch ganz herzlich für Ihr Kommen bedanken, bei den Referenten für ihre interessanten, anregenden Referate, bei Ihnen für Ihre Beteiligung an der Diskussion und bei meinem Kollegen Rolf Schwartmann ganz herzlich für die hervorragende Zusammenarbeit in der Vorbereitung dieser Veranstaltung von Mainz nach Köln. Wir werden das mit Sicherheit fortsetzen. Vielen Dank.

REFERENTEN UND DISKUSSIONSTEILNEHMER

Reinhold Albert, Direktor der Niedersächsischen Landesmedienanstalt und Vorsitzender der KDLM

Anke Brunn, MdL, Staatsministerin a.d., Vorsitzende des Ausschusses für Medienentwicklung in der Landesmedienkommission der LfM

Dr. Mark D. Cole, Habilitand am Lehrstuhl für Öffentliches Recht, Völker- und Europarecht, Medienrecht der Johannes Gutenberg-Universität Mainz

Dr. Ulf Böge, Präsident des Bundeskartellamts

Professor Dr. Dieter Dörr, Lehrstuhl für Öffentliches Recht, Völker- und Europarecht, Medienrecht der Johannes Gutenberg-Universität Mainz, Direktor des Mainzer Medieninstituts, Vorsitzender der Kommission zur Ermittlung der Konzentration im Medienbereich (KEK)

Jürgen Doetz, Präsident des Verbandes Privater Rundfunk und Telemedien

Professor Dr. Udo Fink, Lehrstuhl für Öffentliches Recht, Europarecht, Völkerrecht und Internationales Wirtschaftsrecht der Johannes Gutenberg-Universität Mainz

Hans-Jürgen Jakobs, Ressortleiter Medien der Süddeutschen Zeitung

Alexander Scheuer, Rechtsanwalt, Geschäftsführer des Instituts für Europäisches Medienrecht

Professor Dr. Rolf Schwartmann, Leiter der Kölner Forschungsstelle für Medienrecht an der Fachhochschule Köln

**Studien zum deutschen
und europäischen Medienrecht**

Herausgegeben von Dieter Dörr und Udo Fink
mit Unterstützung der Dr. Feldbausch Stiftung

Band 1 Peter Charissé: Die Rundfunkveranstaltungsfreiheit und das Zulassungsregime der Rundfunk- und Mediengesetze. Eine verfassungs- und europarechtliche Untersuchung der subjektiv-rechtlichen Stellung privater Rundfunkveranstalter. 1999.

Band 2 Dieter Dörr: Umfang und Grenzen der Rechtsaufsicht über die Deutsche Welle. 2000.

Band 3 Claudia Braml: Das Teleshopping und die Rundfunkfreiheit. Eine verfassungs- und europarechtliche Untersuchung im Hinblick auf den Rundfunkstaatsvertrag, den Mediendienste-Staatsvertrag, das Teledienstegesetz und die EG-Fernsehrichtlinie. 2000.

Band 4 Dieter Dörr, unter Mitarbeit von Mark D. Cole: *Big Brother* und die Menschenwürde. Die Menschenwürde und die Programmfreiheit am Beispiel eines neuen Sendeformats. 2000.

Band 5 Martin Stock: Medienfreiheit in der EU-Grundrechtscharta: Art. 10 EMRK ergänzen und modernisieren! 2000.

Band 6 Wolfgang Lent: Rundfunk-, Medien-, Teledienste. Eine verfassungsrechtliche Untersuchung des Rundfunkbegriffs und der Gewährleistungsbereiche öffentlich-rechtlicher Rundfunkanstalten unter Berücksichtigung einfachrechtlicher Abgrenzungsfragen zwischen Rundfunkstaatsvertrag, Mediendienstestaatsvertrag und Teledienstegesetz. 2001.

Band 7 Torsten Schreier: Das Selbstverwaltungsrecht der öffentlich-rechtlichen Rundfunkanstalten. 2001.

Band 8 Dieter Dörr: Sport im Fernsehen. Die Funktionen des öffentlich-rechtlichen Rundfunks bei der Sportberichterstattung. 2000.

Band 9 Dieter Dörr (Hrsg.): www.otello.de. Klassik nur noch im Internet oder per pay? Symposium aus Anlass des 85. Geburtstages von Professor Dr. Heinz Hübner. 2000.

Band 10 Markus Nauheim: Die Rechtmäßigkeit des Must-Carry-Prinzips im Bereich des digitalisierten Kabelfernsehens in der Bundesrepublik Deutschland. Illustriert anhand des Vierten Rundfunkänderungsstaatsvertrages. 2001.

Band 11 Stefan Sporn: Die Ländermedienanstalt. Zur Zukunft der Aufsicht über den privaten Rundfunk in Deutschland und Europa. 2001.

Band 12 Christian Ebsen: Fensterprogramme im Privatrundfunk als Mittel zur Sicherung von Meinungsvielfalt. 2003.

Band 13 Dieter Dörr / Stephanie Schiedermair: Rundfunk und Datenschutz. Die Stellung des Datenschutzbeauftragten des Norddeutschen Rundfunks. Eine Untersuchung unter besonderer Berücksichtigung der verfassungsrechtlichen und europarechtlichen Vorgaben. 2002.

Band 14 Dieter Dörr (Hrsg.): Rundfunk über Gebühr. Die Finanzierung des öffentlich-rechtlichen Rundfunks im Zeitalter der technischen Konvergenz. 3. Mainzer Mediengespräch. 2003.

Band 15 Dieter Dörr / Stephanie Schiedermair: Die Deutsche Welle. Die Funktion, der Auftrag, die Aufgaben und die Finanzierung heute. 2003.

Band 16 Frauke Blechschmidt: Das Instrumentarium audiovisueller Politik der Europäischen Gemeinschaft aus kompetenzrechtlicher Sicht. 2003.

Band 17 Christine Jury: Die Maßgeblichkeit von Art. 49 EG für nationale rundfunkpolitische Ordnungsentscheidungen unter besonderer Berücksichtigung von Art. 151 EG. Eine Untersuchung am Beispiel öffentlich-rechtlicher Spartenkanäle. 2005.

Band 18 Sabine Groh: Die Bonusregelungen des § 26 Abs. 2 S. 3 des Rundfunkstaatsvertrages. 2005.

Band 19   Sylke Wagner: Das *Websurfen* und der Datenschutz. Ein Rechtsvergleich unter besonderer Berücksichtigung der Zulässigkeit sogenannter *Cookies* und *Web Bugs* am Beispiel des deutschen und U.S.-amerikanischen Rechts. 2006.

Band 20   Stephanie Reese: Der Funktionsauftrag des öffentlich-rechtlichen Rundfunks vor dem Hintergrund der Digitalisierung. Zur Konkretisierung des Funktionsauftrages in § 11 Rundfunkstaatsvertrag. 2006.

Band 21   Henrike Maaß: Der Dokumentarfilm – Bürgerlichrechtliche und urheberrechtliche Grundlagen der Produktion. 2006.

Band 22   Dorit Bosch: Die „Regulierte Selbstregulierung" im Jugendmedienschutz-Staatsvertrag. Eine Bewertung des neuen Aufsichtsmodells anhand verfassungs- und europarechtlicher Vorgaben. 2007.

Band 23   Johannes Gerhard Reitzel: Arbeitsrechtliche Aspekte der Arbeitnehmerähnlichen im Rundfunk. 2007.

Band 24   Ulf Böge / Jürgen Doetz / Dieter Dörr / Rolf Schwartmann (Hrsg.): Wieviel Macht verträgt die Vielfalt? Möglichkeiten und Grenzen von Medienfusionen. 2007.

www.peterlang.de

Thomas Miserre

Rundfunk-, Multimedia- und Telekommunikationsrecht

Abgrenzung der Anwendungsbereiche von Art. 5 I 2 GG, Rundfunkstaatsvertrag, Teledienstegesetz, Mediendienstestaatsvertrag und Telekommunikationsgesetz

Frankfurt am Main, Berlin, Bern, Bruxelles, New York, Oxford, Wien, 2006.
XX, 373 S.
Schriften zum Wirtschafts- und Medienrecht, Steuerrecht und Zivilprozeßrecht.
Herausgegeben von Jürgen Costede und Gerald Spindler. Bd. 22
ISBN 978-3-631-55141-7 · br. € 56.50*

Eine trennscharfe und praktikable Abgrenzung der Anwendungsbereiche von Rundfunkstaatsvertrag, Teledienstegesetz, Mediendienstestaatsvertrag und Telekommunikationsgesetz ist möglich. Selbst künftige, bislang nicht absehbare Medienangebote werden sich anhand der gefundenen Abgrenzungskriterien in das bestehende Regelungssystem einordnen lassen. Die Arbeit macht darum deutlich, daß es nicht notwendig ist, dieses anhand der Kompetenzverteilung zwischen Bund und Ländern ausdifferenzierte System zugunsten einer einheitlichen Regulierung aufzugeben. Ein besonderes Gewicht liegt des weiteren auf dem verfassungsrechtlichen Rundfunkbegriff. Dabei wird unter anderem umfassend begründet, warum auch künftig nicht auf eine positive Rundfunkordnung verzichtet werden kann.

Aus dem Inhalt: Verfassungsrechtlicher Rundfunkbegriff · Exkurs: Individualisierungsstufen · Einfachgesetzlicher Rundfunkbegriff · Teledienste · Mediendienste · Telekommunikation · Rechtliche Einordnung verschiedener Dienste · Fazit/Ausblick · Thesen · Glossar

Frankfurt am Main · Berlin · Bern · Bruxelles · New York · Oxford · Wien
Auslieferung: Verlag Peter Lang AG
Moosstr. 1, CH-2542 Pieterlen
Telefax 00 41 (0)32/376 17 27

*inklusive der in Deutschland gültigen Mehrwertsteuer
Preisänderungen vorbehalten
Homepage http://www.peterlang.de